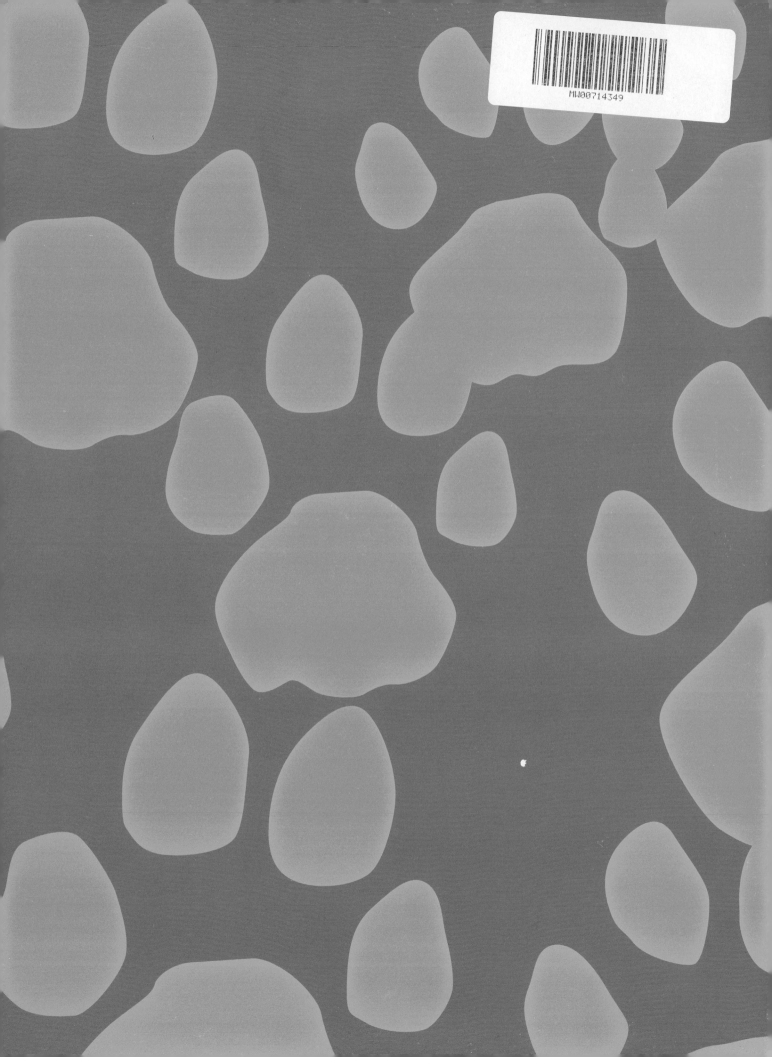

DIARIO DE GRANDES FELINOS: LEONES

Traducción:

Virginia Aguirre

Jonathan Scott • Angela Scott

DIARIO DE GRANDES FELINOS: LEONES

FONDO DE CULTURA ECONÓMICA
MÉXICO

Primera edición en inglés,   2002
Primera edición en español, 2006

Scott, Jonathan y Angela Scott
    Diario de grandes felinos: leones / Jonathan Scott, Angela Scott ; trad.
de Virginia Aguirre — México : FCE, 2006
    135 p. : 28 × 22 cm — (Colec. Sección de Obras de Ciencia y Tec-
nología)
    Título original Big Cat Diary: Lion
    ISBN 968-16-8032-4
    1. Leones — Kenia 2. Felinos I. Scott, Angela, coaut. II. Aguirre, Vir-
ginia, tr. III. Ser. IV. t.

LC   QL737 .C23   Dewey   599.774 28 S744d

Distribución mundial en lengua española

Diseño de portada: *Laura Esponda*

 Empresa certificada ISO 9001: 2000

Conozca nuestro catálogo en
http://www.fondodeculturaeconomica.com

Agradecemos sus comentarios y sugerencias al correo electrónico
laciencia@fondodeculturaeconomica.com

Título original:
Big Cat Diary: Lion
publicado originalmente en inglés por HarperCollins Publishers Ltd.
© 2002 Jonathan and Angela Scott
traducido por licencia de HarperCollins Publishers Ltd.

Los derechos de autor de las fotografías son propiedad de Jonathan y Angela Scott, excepto las siguientes:
p. 20, propiedad de Chris Butler/Science Photo Library; p. 22, de John Sibbick/The Natural History Museum,
Londres; p. 23, de The Natural History Museum, Londres; y p. 26, de David Scott. Los mapas son de
Caroline Simpson; se reproducen con el amable permiso de Kyle Caithie Ltd.

D.R. ©, 2006, Fondo de Cultura Económica
Carretera Picacho-Ajusco 227, 14200 México, D. F.

ISBN 968-16-8032-4

Impreso en México • *Printed in Mexico*

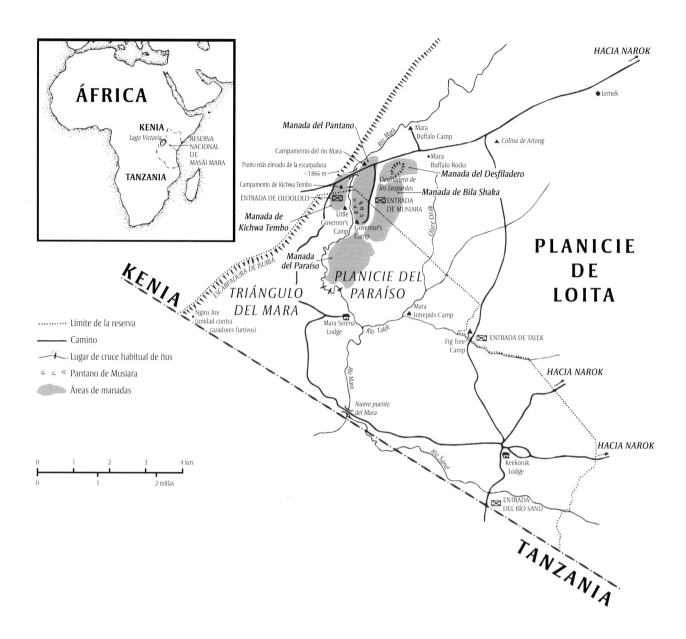

ÁFRICA

KENIA
Lago Victoria
TANZANIA

RESERVA
NACIONAL
DE
MASÁI MARA

HACIA NAROK

● Lemek

Manada del Pantano

▲ Mara
Buffalo Camp

▲ *Colina de Aitong*

Campamento del río Mara

● Mara
Buffalo Rocks

Punto más elevado de la escarpadura
=1866 m

*Desfiladero de
los Leopardos*

Manada del Desfiladero

Campamento de Kichwa Tembo

ENTRADA DE OLOOLOLO

ENTRADA
DE MUSIARA

Manada de Bila Shaka

Little
Governor's
Camp

*Manada de
Kichwa Tembo*

Governor's
Camp

*Manada
del Paraíso*

**PLANICIE DE
LOITA**

**PLANICIE DEL
PARAÍSO**

*TRIÁNGULO
DEL MARA*

Ngiro Are
(unidad contra
cazadores furtivos)

Mara
Intrepids Camp

Mara Serena
Lodge

Río Talek

ENTRADA DE TALEK

Fig Tree
Camp

HACIA NAROK

Río Mara

Nuevo puente
del Mara

HACIA NAROK

Río Sand

Keekorok
Lodge

ENTRADA
DEL RÍO SAND

KENIA

TANZANIA

.... Límite de la reserva

—— Camino

Lugar de cruce habitual de ñus

Pantano de Musiara

Áreas de manadas

0   1   2   3   4 km

0   1   2 millas

Río Mara

Olare Orok

ESCARPADURA DE ISURIA

Índice

Introducción

Los grandes depredadores han llegado al ocaso de su existencia. Muertos a tiros por supuesto deporte, codiciados por la industria peletera, atrapados y envenenados porque matan animales tanto salvajes como domésticos en los que el ser humano tiene puesto su interés, el tigre, el guepardo y el lobo, entre otros, probablemente no sobrevivirán más que en las grandes reservas. En el futuro, tal vez sólo queden los parques nacionales como muestrarios de la fauna salvaje donde el hombre pueda renovar sus antiguos lazos con los depredadores que alguna vez fueron sus competidores y con la presa que le daba sustento.

George Schaller
Serengeti: A Kingdom of Predators
[Serengueti: un reino de depredadores]

Jonathan, el sonidista Andy Milk y el camarógrafo Mark Yates se reúnen con miembros de la Manada de la Colina una mañana temprano, cuando se dan un festín con un búfalo.

CADA DOS AÑOS durante la primera semana de septiembre, un equipo de treinta realizadores, sonidistas, presentadores, conductores-guías y rastreadores de fauna se reúnen en la Reserva Nacional de Masái Mara en Kenia para filmar una nueva serie de *Diario de grandes felinos*. Las próximas diez semanas, nuestra base será un campamento con vista a la sinuosa belleza del río Mara, el punto de partida perfecto para seguir la vida diaria de leones, leopardos y guepardos, las verdaderas estrellas de este programa de televisión. Cuando llegamos a la tienda comedor, todos los días a las cinco de la mañana, el personal del campamento ya lleva una hora levantado, preparando decenas de canastas de comida: desayunamos y almorzamos en los matorrales. Por lo general, no volvemos al campamento sino hasta bien entrada la noche —justo a tiempo para tomar una ducha caliente, cenar y charlar alrededor de la fogata antes de ir a dormir, teniendo cuidado de no tropezar con alguno de los hipopótamos de dos toneladas que han salido del río para alimentarse alrededor de nuestras tiendas—. Dentro de tres meses ya no podremos sostenernos en pie, pero para entonces nos tendrán que sacar a rastras del Mara. Nadie se quiere ir. Es justo ese tipo de lugar.

Pero en este momento lo que queremos es una taza de té o café bien caliente para enfrentar el gélido aire matutino. Ya resuenan en nuestros oídos los primeros sonidos de un coro matutino, el canto cristalino del petirrojo cejiblanco que nos apremia a salir. El resto del día nuestra casa será el interior de un vehículo todoterreno. Tal vez sea el escondite móvil perfecto para filmar la vida salvaje, pero también es una olla de presión al calor del día y un imán para las moscas tsetsé, de fuerte picadura. Es un precio que vale la pena pagar si logramos encontrar a Sombra, la hembra leopardo, o filmar a los leones del pantano matando a una presa. Sin embargo, no hay garantía de que algo ocurra con los grandes felinos. Y muchas veces no ocurre nada. Por eso no hemos dejado de regresar al Mara. Cuando los leones y los leopardos duermen, siempre hay algo que podemos filmar: manadas de ñus y cebras cruzando el río, elefantes ramoneando entre matorrales de acacias, un grupo de mangostas rayadas en busca de insectos o la intensa actividad social alrededor de una guarida de hienas. No hay ningún lugar como el Mara.

Cada uno de los grandes felinos que seguimos tiene su propio camarógrafo, sonidista y productor. La edición de los programas se lleva a cabo en una tienda en los matorrales y al final de cada semana se envía una cinta maestra, vía Nairobi, a la Unidad de Historia Natural de la BBC, en Bristol. Ahí no se modifica nada, salvo por la inclusión de la música y los créditos. Es lo más cercano a la vida real que puedes ver: la serie más importante de los grandes felinos.

Los grandes felinos siempre han inspirado asombro y miedo a los humanos, aunque ninguno tanto como el león. Como escribió Evelyn Ames en *A Glimpse of Eden* [Una visión del Edén]:

Los leones son más que animales: son símbolos, tótems y leyenda; han dejado una huella tan profunda en la mente humana, si no es que en su sangre, que es como si la psique llevara su melena como blasón. Cuando miramos a los ojos a un león en libertad y observamos la gracia de su larga zancada —toda esa reserva de energía que fluye bajo su piel—, cuando vemos la noble serenidad de su boca y su nariz, la orgullosa autoridad de su mentón barbado —misteriosa reminiscencia del rostro de los héroes clásicos y mitológicos—, reconocemos hasta la médula que nacimos con esa imagen grabada.

Tuve que esperar veinticinco años para ver a un "león en libertad". Hasta entonces me conformaba satisfaciendo mi fascinación por

Los cachorros de diez semanas de Khali saludan a Cicatriz, que responde mostrando sus enormes caninos para advertirles que quiere que lo dejen en paz.

los grandes felinos africanos con visitas anuales al zoológico de Londres para contemplar a los leones en su horario de comida o al circo de Bertram Mills para verlos desfilar bajo la carpa. A pesar de lo emocionantes que eran esos encuentros, no hacían sino avivar mi deseo de viajar a África para ver a los grandes felinos en la naturaleza. Cuando la película *Nacida libre* se estrenó en los años sesenta, recuerdo haberme sentido embelesado en mi asiento mientras se desarrollaba la historia de la relación de George y Joy Adamson con la leona Elsa en los escenarios naturales de Kenia. Se presentaban vívidamente los paisajes y los sonidos de África: el espectáculo de todos esos animales, el polvo y el calor. Lejos estaba de saber entonces que yo también viviría algún día entre leones salvajes en Kenia.

En 1974 inicié un viaje por tierra de Londres a Sudáfrica, armado con un título de zoólogo y sed de una vida más emocionante. La primera visión que tuve del África salvaje superó con creces todos mis sueños. Nada nos prepara para el momento en que esa primera manada de elefantes emerge de la vegetación ribereña o las jirafas con sus larguísimas patas se deslizan grácilmente sobre las planicies. Pero era la idea de ver a los grandes felinos africanos lo que había dado verdadero sentido a mi viaje. ¿Quién podría no sentirse inspirado ante la

majestuosa imagen de un león adulto parado a la orilla de las ondulantes planicies cubiertas de hierba del Masái Mara contemplando su reino, con su abundante melena oscura revuelta por el viento? Sus ojos color ámbar destellan con la luz matutina mientras escucha el sonido de otros leones o escudriña el cielo azul en busca de señales de buitres que se lanzan en picada al suelo, apuntando al lugar en el que su manada ha cobrado una presa. Es una escena ancestral, que se remonta a los tiempos en que el hombre competía por el alimento al lado de los grandes depredadores de África.

Después de pasar la mayor parte de los últimos veinticinco años en el Masái Mara, fotografiando a los grandes felinos africanos y escribiendo sobre ellos, tuve la oportunidad de presentar en 1996 la primera serie de *Diario de grandes felinos* con el documentalista de la naturaleza Simon King. Conocí a Simon unos años antes, cuando me pidió que lo ayudara con algo de información introductoria sobre el Mara. Quería hacer un documental sobre leones y había leído mi primer libro, *The Marsh Lions* [Los leones del pantano] (escrito en coautoría con Brian Jackman), en el que se describe la vida de una manada de leones africanos con textos y fotografías. Ese libro tuvo éxito gracias a un íntimo conocimiento de los leones del norte del Mara y retrataba a una manada —los

Los leones del pantano descansan bajo la exigua sombra de un árbol *Boscia*. Los leones pasan de 18 a 20 horas al día descansando.

leones del pantano— que yo había seguido día con día. Simon se había dado a conocer gracias a una serie de programas sobre la fauna salvaje británica, así como por haber filmado varios especiales sobre la naturaleza dedicados a un animal en específico. En su documental sobre leones, se plasmaba la lucha de una leona llamada Khali cuando intentaba criar a sus cachorros en los linderos del territorio de los leones del pantano. *Diario de grandes felinos* ofreció a Simon la oportunidad de reencontrarse con algunos de los leones que había conocido en aquella época.

En sus mejores momentos, el *Diario de grandes felinos* capta la emoción y la cercanía que siente cualquiera que vaya a un safari en África. En muchos sentidos, refleja lo que mi esposa Angie (quien también es fotógrafa de fauna salvaje) y yo hemos hecho la mayor parte de nuestra vida. Siempre que podemos, salimos de safari a la zona de Musiara, en el norte del Mara, donde se filma el programa, en una búsqueda cotidiana de los grandes felinos que hemos llegado a conocer tan bien. Aunque constantemente actualizamos nuestros conocimientos sobre ellos por medio

La jirafa masái vive en el sur de Kenia y Tanzania y es una de las tres subespecies de África oriental.

de los informes de los conductores y guías que trabajan en los campamentos y albergues dispersos por toda la reserva, hemos seguido a algunos de estos felinos desde su nacimiento y a otros hasta su muerte. Esta relación tan estrecha con los animales salvajes sólo es posible cuando éstos se sienten totalmente relajados en presencia de uno. Ése es el reto. Si bien los leones, los leopardos y los guepardos no nos reconocen como individuos, sí se acostumbran a ser observados a diario y se sienten mucho más relajados si uno se aproxima con cautela. Los cachorros de león del Mara oyen el sonido de un vehículo aun antes de abrir los ojos, y como sus madres se han criado a la vista de los turistas y suelen desentenderse de su presencia, los jóvenes cachorros pronto aprenden a hacer lo mismo. La facilidad con la que podemos acercarnos a cualquiera de los tres grandes felinos en la zona de Musiara fue uno de los principales motivos para elegirla como locación para *Diario de grandes felinos*.

La idea de la serie se le ocurrió a Keith Scholey (ahora director de la Unidad de Historia Natural de la BBC) y reflejaba los cambios radicales que se produjeron en la industria de los documentales sobre la fauna salvaje a mediados de los noventa. De repente, hubo una gran demanda de programas sobre la vida salvaje y los documentales que capturan la vida cotidiana (muchas veces filmados sirviéndose de la nueva generación de cámaras de video digital, pequeñas y fáciles de usar). Las investigaciones exhaustivas sobre la vida de los leones o los perros salvajes —las producciones de las grandes compañías (*blue chip*) que tardaban dos años en filmarse y tenían un alto costo— habían empezado a perder su atractivo para los directores de programación. Angie y yo tuvimos la oportunidad de experimentar con la nueva forma de hacer las cosas cuando nos pidieron colaborar como presentadores en un programa de televisión estadounidense llamado *Wild Things* [Cosas de la naturaleza]. En esta serie se seguía la vida de biólogos, fotógrafos y veterinarios especializados en fauna salvaje, así como de equipos de captura de animales en sus labores cotidianas. Se basaba en gran medida en situaciones que garantizaban mucha acción y los presentadores aparecían constantemente en primer plano —"actualidad" era la palabra de moda—. *Wild Things* tuvo una duración de tres años, con equipos de camarógrafos que cubrían locaciones en más de cuarenta países. Se usaba un enfoque práctico y directo, con todos sus defectos: sin trípodes, ni narración, sólo los participantes que hablaban directamente a la cámara. Era un estilo de filmación lleno de energía, y también de diversión. Los programas parecían ofrecer lo que quería el público de hoy, con un enfoque tanto en la cercanía y el entretenimiento como en la conducta animal. El antiguo estilo de presentación, más formal, estaba pasado de moda, al menos en la televisión entonces en boga.

No hay duda sobre el atractivo de este tipo de programas, pero también suponen riesgos, uno de ellos, no el menor, el de banalizar la vida de los animales filmados. *Diario de grandes felinos* adoptó un enfoque más cuidadoso, sin dejar de admitir algunos de estos cambios. Nos dimos cuenta de que la demanda de mostrar cada vez más acción podía ser muy dañina, al alentar la tendencia a perturbar innecesariamente a los animales en la búsqueda implacable de tomas nuevas y emocionantes. En ocasiones, esto también crea una falsa idea sobre la manera en que los animales viven en realidad. Por cada secuencia de acción grabada en la naturaleza, suele haber muchas horas de espera, cuando no está sucediendo gran cosa porque los leones o leopardos están dormidos —actividad a la que todos los grandes felinos dedican la mayor parte del día y de la noche—. Por supuesto, nadie quiere ver a un león dormitando por horas, en particular un público televisivo con acceso a diversas opciones con sólo oprimir un botón. Sin embargo, a veces siento que los programas sobre la vida salvaje están regresando al enfoque de una "naturaleza de dientes y garras ensangrentados", en el que todo debe verse grande, malo y peligroso sólo para captar la atención de la gente. Como si los animales no fueran suficientemente interesantes y fascinantes por sí mismos. En el proceso, corremos el riesgo de destruir nuestro sentido natural de asombro ante la extraordinaria diversidad de la vida en nuestro planeta.

Cuando la primera serie de *Diario de grandes felinos* se filmó hace ya seis años, pronto se hizo evidente que con todos los recursos de los que disponíamos casi podíamos asegurar una gran cantidad de escenas dramáticas. Con cinco equipos de cámara y varios rastreadores de fauna en busca de grandes felinos de sol a sol todos los días, nos tentaba volver al antiguo estilo de hacer programas, dejando

Los perros salvajes son los segundos carnívoros en mayor peligro de extinción en África, sólo quedan entre 3 000 y 5 000 ejemplares (hay menos de quinientos lobos etíopes).

Los impalas son comunes en el Mara; son una de las presas favoritas de los leopardos
y los perros salvajes, y parte importante de la dieta de los leones en algunas zonas.

que las secuencias de la vida silvestre dictaran
la pauta. No tardamos en abandonar la idea
de incluir escenas de la vida en el campamento
y los incidentes cotidianos, lo mismo que el
plan de que los camarógrafos fungieran a
veces como presentadores. En esa primera
serie, invariablemente aparecíamos Simon y yo
hablándole al público desde las ventanillas de
nuestros vehículos, haciendo una presentación
más formal. Cuatro años después, para la tercera
serie, un camarógrafo de video digital nos
acompañó en todo momento a Simon y a mí
para tratar de captar la sensación de intimidad
que compartimos con los grandes felinos y
aumentar la compenetración del público con lo
que estábamos presenciando. Los espectadores
podían conectarse con lo que sentíamos en
ese momento, en vez de sólo escuchar hechos
y cifras sobre lo que ocurría. Ahora había un
toque de emoción real en el acontecer cotidiano,
con una auténtica sensación de televisión "en
vivo", aunque los programas se transmitieran en
fechas posteriores.

Uno de los aspectos frustrantes del trabajo
en la televisión es que da muy poco tiempo
para compartir información con el público.
Siempre hay algún otro elemento en el relato
de un animal, antecedentes que podrían
ofrecer un panorama más detallado de su
vida, si tan sólo hubiera tiempo para contarlo;
pero eso es imposible en un programa de
treinta minutos. De modo que cuando Angie

y yo propusimos la idea de escribir un libro
para acompañar la cuarta serie de *Diario
de grandes felinos*, teníamos la idea de un
volumen que "acompañara" a la serie. Así
esbozaríamos una perspectiva histórica del
Masái Mara y sus grandes felinos, y podríamos
ofrecer pormenores de la vida de algunos de
los personajes animales con los que se ha
identificado el público en los últimos seis años:
las hembras de leopardo Media Cola y su hija
Sombra (conocida por los conductores locales
como Zawadi, que significa "regalo"), los leones
del pantano y Ámbar, la hembra de guepardo.
Nos sentimos aliviados cuando nuestros editores
sugirieron que fuera un título por cada gran
felino, empezando con los leones, en vez de la
publicación única en la que habíamos pensado
al principio. Simplemente había demasiadas
preguntas por responder y, más que nada,
queríamos dar una idea del panorama de
conjunto, explorar la manera en la que cada uno
de los grandes felinos enfrenta la vida no sólo en
el Mara, sino también en otras partes de África.
También nos interesaba exponer qué se podía
hacer para tratar de asegurar su supervivencia.

Angie y yo siempre hemos pensado que el
Masái Mara, en Kenia, y el Serengueti y el cráter
de Ngorongoro, en Tanzania, constituyen el
mejor territorio para ver a los grandes felinos en
África. Sin duda hay muy pocos lugares en los
que sean más visibles. No obstante, Zimbabwe,
Zambia, Botswana, Namibia y Sudáfrica tienen

zonas donde leones, leopardos y guepardos
sobreviven en poblaciones saludables. El año
pasado visitamos los santuarios naturales más
conocidos de estos países para ponernos al día
respecto a las últimas investigaciones sobre
grandes felinos y descubrir los mejores lugares
para verlos. Con frecuencia nos preguntan cuáles
son nuestros destinos favoritos para visitar a los
grandes felinos, por eso incluimos una breve
sección de viajes al final del libro, junto con
una lista de los sitios en internet en los que se
aborda el tema de su conservación.

Hace poco nos sentamos a ver una grabación
de *Diario de grandes felinos* en Inglaterra y
caímos en la cuenta de lo fácil que era imaginar
lo bien que marcha todo en el mundo del león;
que la amenaza que representa el comercio de
pieles de animales con manchas ha disminuido
a tal grado que el leopardo ya no está en peligro
de extinción en ciertas partes del mundo; y
que el grácil guepardo se las arregla a pesar
de todos los problemas que enfrenta por ser
el menos adaptable de los grandes felinos. Sin
embargo, la Reserva de Masái Mara abarca un
área de sólo 1 510 km² rodeada en tres de sus
flancos por una floreciente población humana.
Únicamente al sur, en la vastedad del colindante
Parque Nacional de Serengueti, hay aún grandes
extensiones de tierra donde los animales pueden
pasearse a sus anchas. E incluso ahí la fauna
salvaje se ve cada vez más amenazada por el
impacto del ser humano, ya sea en la forma de

Cebras de las llanuras en la Reserva de la Fauna de Moremi, en el delta del Okavango, Botswana. El río Okavango es un lugar espléndido para los grandes felinos, con manadas de numerosos leones y buenas oportunidades de ver leopardos, guepardos… y perros salvajes.

trampas de alambre colocadas por cazadores ilegales o por la presión para destinar las tierras circundantes a la agricultura. Si alguna vez los animales salvajes deambularon por gran parte de África, ahora viven confinados en islas rodeadas por un mar de humanidad.

No obstante, pese a las presiones obvias, el Mara sigue siendo un lugar para maravillarse. Forma parte de Masailand, zona mantenida en fideicomiso por el gobierno keniano y administrada por los ayuntamientos locales en representación del pueblo masái. Parte de los ingresos obtenidos por las cuotas que pagan los visitantes para entrar al parque se reinvierte en la comunidad local en escuelas y dispensarios. Aunque el campamento de *Diario de grandes felinos* está dentro de la reserva, se llevan a cabo muchas filmaciones más allá de la frontera, donde la guepardo Ámbar pasa gran parte de su tiempo, donde la leopardo Media Cola vivía antes de su prematura muerte y donde ahora vamos en busca de Sombra. Las tierras que rodean la reserva están divididas en grandes fincas ganaderas grupales, un tipo de propiedad comunitaria de la tierra. Los visitantes que se quedan en campamentos o alojamientos de safari en esta zona pagan su cuota directamente a los representantes de la comunidad local y no al ayuntamiento. Sin embargo, el pastor masái

promedio se queja de que le sigue pareciendo escasa la ganancia que obtiene por tolerar la presencia de fauna salvaje en sus tierras y de que los únicos beneficiados son el gobierno, los operadores turísticos y los propietarios de campamentos y alojamientos.

En los veinticinco años que llevo viviendo y trabajando en el Mara, los inevitables cambios se han ido acelerando. Las fincas grupales se están subdividiendo para que los habitantes obtengan títulos de propiedad individuales. Nadie podía poner objeciones a esto y, en principio, debía ser un proceso sin complicaciones, un asunto de los masáis. Sin embargo, se están entregando títulos de propiedad de algunas tierras a forasteros, lo que ha generado descontento entre los dueños legítimos. La preocupación es que, con el tiempo, Masailand se convierta en un mosaico de cercas y agricultura (en algunos lugares ya ocurrió) y desaparezcan las grandes extensiones de tierras preservadas como un valioso hábitat para la vida salvaje que, si se manejara de manera adecuada, podría generar muchos más ingresos para los propietarios que la agricultura o el ganado.

Uno de los dilemas para *Diario de grandes felinos* siempre ha sido hasta qué punto debemos mostrar la vida de los masáis a fin de retratar mejor el lugar. Lo mismo se aplica a la

cuestión de si se deben incluir o no tomas de los visitantes en safari: impecable como podría verse en la pantalla de televisión, el Mara recibe más de 250 000 visitantes al año. No cabe duda de que África necesita con urgencia los ingresos del turismo para ayudar a solventar la conservación de la naturaleza, pero eso conlleva un costo para el medio ambiente. Sin embargo, la misión de la Unidad de Historia Natural de la BBC es hacer programas de historia natural, no comentarios sociales. Aun así, cuando supusimos que Media Cola había muerto en una trampa de alambre después de un incidente en el que el ganado había sido atacado, tuvimos la oportunidad de exponer algunos de los problemas, presentando la situación desde la óptica tanto de los conservacionistas como de la realidad de la comunidad local de ser propietarios de ganado que viven entre grandes depredadores.

No se puede separar la suerte de los animales del destino de los humanos. Al "progreso" le tienen sin cuidado las aspiraciones de los pueblos nómadas del mundo. Su modo de vida itinerante siempre garantizó que serían los últimos en verse inmersos en la economía monetaria, aferrados como estaban a sus antiguas costumbres mientras buscaban alguna manera de forjarse un futuro a partir de su pasado. Hoy, el tema de los derechos a la tierra reviste una gran importancia para los aborígenes de Australia y los indígenas de América del Norte, como también para los bosquimanos del Kalahari y los masáis de África. Del mismo modo, es importante para las criaturas salvajes. Los leones, leopardos y guepardos necesitan grandes extensiones naturales para su supervivencia. Como señaló Paul Funston, biólogo estudioso de los leones del Kalahari: "El futuro de la conservación de la vida salvaje en África depende de la negociación de un acuerdo entre la gente y los parques".

Sólo con la buena voluntad de la gente del lugar, fomentada por una distribución equitativa de las ganancias, esto se hará realidad. Si acaso hay oportunidad de que sobreviva la tierra del león.

Media Cola y su hija Sombra. Una leopardo madre siempre está atenta a la presencia de leones y hienas, que pueden poner en peligro la vida de sus crías o robar su comida.

El rey de las bestias

Nuestra fascinación por los grandes felinos —por todos los felinos— es ancestral y universal: admiramos la elegancia de su belleza, la gracia de sus movimientos y los miramos embelesados cuando se agazapan, listos para abalanzarse sobre su presa. Al contemplar a un león en ese momento, experimentamos una conexión atávica con el cazador, una antiquísima mezcla de asombro y temor: un asombro ante la belleza que se ve atenuado por el temor de un día ser nosotros el objeto de sus intenciones depredadoras. Parece que lo más indicado es iniciar esta serie de libros en honor de los grandes felinos de África con el león. A fin de cuentas, es la criatura que los visitantes más desean ver en los safaris, pues encarna el espíritu primigenio de la sabana africana.

Nadie sabe a ciencia cierta cuántos leones quedan en la naturaleza. Lo que sí sabemos es que están cada vez más amenazados en su área de distribución. Mucha gente piensa que no hay sitio para los leones salvajes en el mundo moderno, sobre todo cuando tantos africanos enfrentan una pobreza inimaginable: 40% vive con menos de un dólar al día. Cuando un león mata una res, esto representa una enorme pérdida para los propietarios. El león se convierte en enemigo del ser humano, por lo que es perseguido y exterminado. ¿Debemos sorprendernos cuando un pastor masái levanta su lanza para proteger su propiedad, incluso su vida? Si hemos de asegurar la supervivencia del león, debemos encontrar la manera de solucionar este dilema.

Para entender la reacción del ser humano ante los depredadores, necesitamos examinar nuestro pasado. No por casualidad el león ha logrado el dominio que ejerce sobre la psique humana. Los leones representan a tal grado una parte esencial del paisaje africano que resulta fácil olvidar que no hace mucho deambulaban por vastas extensiones del mundo, y en la época prehistórica su población debe haber ascendido a millones. Hoy probablemente no queden más de 30 000, y cada vez menos leones logran encontrar suficiente alimento fuera de las zonas protegidas sin entrar en conflicto con los humanos y su ganado.

Durante millones de años, alguna forma de gran felino ha dominado la jerarquía de depredadores en todo el mundo. En la época en que nuestros parientes primates abandonaron las selvas y una dieta en gran medida vegetariana para recolectar alimentos y cazar en las sabanas de África, ese felino era el león. Él era todo lo que nosotros no éramos: una criatura enorme y de inmenso poderío, capaz de matar

Los leones machos llegan a medir 3.3 m de largo, incluida la cola de hasta 1 m, y 1.2 m de alzada.

La desaparición de los dinosaurios, como el *Tyrannosaurus rex*, hace 65 millones de años, abrió la puerta para una mayor evolución de los mamíferos.

de un zarpazo o de una mordida devastadora con sus temibles caninos. Cuánto hemos debido temerle, no es de extrañar que lo reverenciemos. La evolución de nuestro comportamiento social se ha moldeado hasta cierto punto por la competencia con los depredadores, en particular con los leones. Sin duda, nuestros ancestros deben de haber necesitado saber algo sobre su forma de vida, y no por otra razón que por tratar de evitar que los engulleran. Sólo mediante la cooperación pudimos haber burlado a animales tan imponentes como los leones.

Para seguir la historia evolutiva de estos grandes carnívoros, debemos remontarnos en el tiempo. Hace unos 65 millones de años, cuando los reptiles gigantes eran los amos el mundo (fueron los depredadores dominantes por casi 150 millones de años), pequeñas criaturas insectívoras del tamaño de una ardilla, de cara alargada y puntiaguda y afilados dientes, merodeaban en la maleza prehistórica del hemisferio norte. Estos primeros mamíferos eran criaturas parecidas a musarañas con extremidades pequeñas y flexibles, y mostraban las primeras señales de desarrollo de los

molares, cuya acción de tijera para cortar la piel y la carne les permitió complementar su dieta de insectos con los escasos pequeños vertebrados.

Con la desaparición de los dinosaurios, se produjo una mayor evolución de los mamíferos. Desde un inicio, los depredadores y sus presas evolucionaron al alimón. Aparecieron dos linajes distintos de carnívoros. Uno, que comprendía los animales conocidos como miácidos, dio origen al orden *Carnivora*, que se dividía en dos ramas, una que representaba a las especies de aspecto felino (gatos, jinetas, civetas y mangostas) y la otra a las especies parecidas a los osos y perros, y a las focas. Los miembros del otro grupo pertenecían al orden arcaico *Creodonta* (que significa "diente de carne"), criaturas de cerebro pequeño con 44 dientes, cuerpo alargado, patas cortas y dedos con garras. Eran plantígrados —caminaban sobre la planta de sus patas— y el primer dedo de sus patas delanteras pudo haber estado opuesto a los demás, como el de los primates modernos o el pulgar del ser humano, lo que indica que tenían la capacidad de coger ramas y trepar. Los creodontos florecieron hace 55 a 35 millones de años, aproximadamente,

y eran los carnívoros dominantes de la época. Estaban distribuidos en América del Norte, Eurasia y África, y evolucionaron rápidamente para adquirir numerosas formas, en ocasiones gigantescas. Sin embargo, hace alrededor de 20 a 30 millones de años, miembros del orden *Carnivora* se adueñaron del lugar de principales depredadores en los continentes del norte, y los últimos creodontos desaparecieron hace unos ocho millones de años.

Los primeros miácidos eran criaturas más pequeñas que los creodontos, similares a las mangostas o las comadrejas, con patas anchas y dedos extensibles con garras retráctiles para sujetar. También se distinguían de los creodontos por la posición en el maxilar de sus molares o muelas carniceras, semejantes a tijeras. Las muelas carniceras de los creodontos eran los dientes ubicados al final del maxilar, de modo que sólo podían comer carne. En cambio, las muelas carniceras de los miácidos se encontraban mucho más hacia el frente, lo que les permitía usar sus dientes posteriores para triturar materias fibrosas como la fruta y los vegetales. Esta mayor flexibilidad en su dieta fue tal vez la razón por la que, a la postre, los miácidos opacaron a los creodontos. A medida que la Tierra se enfrió y el clima se volvió más estacional en los siguientes millones de años, hubo una pérdida de diversidad vegetal, lo que habría causado que las presas de los creodontos escasearan, mientras que la fruta y los insectos se volvieron más abundantes con las estaciones, lo que favoreció a los miácidos.

Los miácidos atrapaban a sus presas en los árboles o en la espesura de la maleza, y la explosión de la diversidad en aquel momento se reflejó en la proliferación de sus presas. Los modernos vivérridos —jinetas y civetas— tienen diez dientes en cada maxilar, cuarenta en total, y guardan un parecido más cercano con los miácidos ancestrales, aunque como familia muestran una mayor diversidad que los felinos o las hienas. Jonathan Kingdon, experto en la evolución de los mamíferos africanos, dice: "Es posible considerar al luwak (también llamado civeta de las palmeras) como el equivalente contemporáneo de un miácido arborícola, mientras que las jinetas y las civetas representan

Todos los miembros del orden *Carnivora* se distinguen por sus molares en forma de tijera, conocidos como muelas carniceras, que les permiten desgarrar la piel y la carne.

ramas arborícolas y terrestres. La jineta tiene un aspecto tan felino que podemos imaginar sin dificultad el desarrollo de los félidos a partir de esas criaturas". Las hienas modernas descienden directamente de un vivérrido ancestral que pudo haber tenido cierto parecido con la civeta actual y comparten ciertos rasgos con los felinos, como la reducción en el número de dientes y las modificaciones en el oído medio, lo que nos hace pensar en un ancestro común. Entre los carnívoros, sólo hay una familia cuyos miembros son todos asesinos especializados: los felinos.

Hace alrededor de cuarenta millones de años, varias formas de aspecto felino aparecen en el registro de fósiles de Europa y América del Norte. En un principio, se creyó que eran ancestros de los felinos verdaderos, de ahí su nombre de paleofélidos, que significa primer felino o felino antiguo. Sin embargo, estas criaturas son lo suficientemente distintas de los felinos modernos —los neofélidos— para considerarlos una familia aparte, los *Nimravidae*, que evolucionaron al lado de los ancestros más antiguos de los verdaderos felinos en un proceso conocido como evolución convergente o paralela. Ambos tenían extremidades largas, patas con garras, cara corta y muelas carniceras bien desarrolladas. La mayoría de los *Nimravidae* tenían caninos superiores larguísimos, aplanados, como navajas, recordemos al "dientes de sable", favorito de los niños y de los productores de películas impresionantes sobre la Prehistoria. Pese a su apariencia estrafalaria, los *Nimravidae* fueron una familia exitosa y se extinguieron hace apenas unos seis millones de años. En realidad, el dientes de sable evolucionó de manera independiente en tres continentes distintos en al menos cuatro grupos de mamíferos, algunos de ellos relativamente pequeños. La primera criatura dientes de sable fue un creodonto llamado *Machaeroides*, un poderoso animalito similar a una jineta que evolucionó hace 48 millones de años. Las formas de dientes de sable también evolucionaron entre los neofélidos desde hace 15 millones de años.

Los restos más antiguos de un felino verdadero se hallaron en Francia y datan de hace unos 30 millones de años. Pertenecen al *Proailurus lemanensis*, un animal más bien pequeño, similar a la fosa de Madagascar, un vivérrido. Hace 20 millones de años, apareció un grupo de felinos pertenecientes al género *Pseudaelurus*, que eran del tamaño de un lince grande o de un puma pequeño y tenían mucho en común con los felinos modernos. Son evidentes dos líneas en este grupo, una de las cuales dio origen a las especies dientes de sable en los neofélidos. Entre éstos, podemos mencionar los famosos felinos dientes de sable americanos del género *Smilodon* ("dientes de cuchillo"), que evolucionaron hace unos dos millones de años. El mayor de ellos era el *Smilodon populator*, más o menos del tamaño de un león actual, con caninos semejantes a navajas de 17 cm y bordes finamente aserrados.

Los *Smilodon* tenían una fuerza enorme en la parte superior del cuerpo y patas delanteras con garras retráctiles adaptadas para sujetar a su presa. Su cola era corta como la de un lince, así que no deben de haber sido particularmente veloces, y tal vez dependían de las emboscadas y el acecho más que de la velocidad para cazar megaherbívoros jóvenes, como mamuts y paquidermos parecidos a los rinocerontes. Es probable que su estrategia de caza habitual fuera una pequeña carrera que culminaba con una violenta colisión con su robusta presa: el *Smilodon* dependía de su fuerza bruta para inmovilizar a su víctima, sujetándola con sus garras carniceras. Probablemente los *Smilodon* se concentraban en las regiones suaves,

Aunque de apariencia más bien perruna, las hienas manchadas están más emparentadas con los felinos, y tienen afinidades con las mangostas.

vasculares del cuerpo de sus víctimas, como el abdomen o la garganta. Si les mordían la nuca, se arriesgaban a chocar con un hueso y estrellar sus largos dientes de sable.

Nadie sabe a ciencia cierta por qué se extinguieron los felinos dientes de sable, aunque hace unos cinco o seis millones de años los cambios climáticos ya estaban acelerando el remplazo de los bosques por hábitats más abiertos, lo que a su vez propició la aparición de roedores y a una profusión de antílopes y gacelas: presas veloces demasiado ágiles para ser cazadas por aquellos felinos. Esta evolución trajo consigo la aparición de felinos semejantes a las panteras, que dependían tanto de su fuerza como de su velocidad. No necesitaban dientes de sable para matar y comer a sus presas de piel suave, aunque durante un tiempo ambos felinos coexistieron, cada uno cazando a sus propias víctimas. Sin embargo, los primeros humanos que grabaron imágenes de animales salvajes en los muros de sus cuevas hace 35 000 años no dejaron señal de los felinos dientes de sable, y la mayoría se había extinguido para entonces. Probablemente no es coincidencia que a medida que los grandes ungulados y los mamuts y rinocerontes de gruesa piel escasearon hacia el final del Pleistoceno, hace 10 000 años, los últimos felinos dientes de sable desapareciera con ellos.

El primer felino conocido similar a las panteras con atributos leoninos se remonta a alrededor de 3.5 millones de años. Fue hallado en Laetoli, Tanzania, cuando Mary Leakey y sus colaboradores descubrieron las primeras huellas humanas, aproximadamente de la misma época. Resulta extraño, si consideramos su tamaño, pero no contamos con evidencias fósiles de los leones anteriores a éste, ni tampoco de un ancestro similar, aunque se piensa que el león es de aparición más reciente que otros miembros del género *Panthera*. Las nuevas técnicas moleculares indican que probablemente todos los leones modernos comparten un ancestro común, quizás de hace apenas 55 000 a 22 000 años.

Los primeros registros de leones verdaderos proceden de África occidental y se remontan a hace unos 750 000 años. A partir de ahí se extendieron hacia el norte, por Asia y Europa; los hallazgos más antiguos, en el sitio italiano de Isernia, datan de alrededor de 700 000 años atrás. El "león de las cavernas" (*Panthera spelaea*), como se conocía, tenía una amplia distribución y sus restos se han descubierto en depósitos fluviales y cuevas de Inglaterra, España, Francia, Alemania, Italia y Suiza. Los leones de las cavernas eran animales enormes, robustos, quizás el félido más grande que haya existido. Llegaban a ser hasta 25% más grandes que los leones actuales y se piensa que cazaban caballos y venados, tal vez incluso algunas de las especies más grandes de bóvidos. Estos leones del Viejo Mundo existieron al mismo tiempo que el *Panthera atrox*, el gran felino de la Edad de Hielo que deambulaba por el continente americano junto con los *Smilodon*. Los leones de las cavernas eran suficientemente parecidos al león moderno, *Panthera leo*, para que algunas autoridades en la materia los consideren una subespecie, *Panthera leo spelaea*. Con el tiempo se volvieron más pequeños hasta que no eran más que 10% más grandes que los leones modernos y poseían una melena y un mechón en la cola, algo de lo que carecían los primeros especímenes.

El *Panthera atrox* guarda muchas similitudes con los leones de las cavernas y es muy posible que ambos fueran subespecies de los leones modernos, y no especies distintas. Se sabe que hubo felinos similares a los leones de las cavernas en China y el este de Siberia, y hay quienes piensan que los leones que vivían en los Balcanes y Turquía todavía en 300 a.C. eran leones de las cavernas. El león de América del Norte tenía su hábitat en todo Alaska, mientras que se han encontrado leones de las cavernas en depósitos de finales del Pleistoceno en el este de Siberia, cerca del estrecho de Bering. En los últimos 40 000 años, aproximadamente, un puente de tierra ha conectado las dos masas continentales en más de una ocasión. De hecho, ahora se piensa que algunos de los especímenes de león encontrados en Alaska son más parecidos a los leones de las cavernas que a los leones de América del Norte, lo que da mayor peso a la idea de que estaban muy

Un *Smilodon* en acción: la imagen de un artista de una escena en Rancho La Brea, California, uno de los sitios más ricos en fósiles del mundo.

emparentados o incluso que eran el mismo animal. Quizá sólo las poblaciones posteriores y geográficamente más distintas del león de América del Norte diferían lo suficiente de los leones de las cavernas para merecer un nombre distinto. El león de América del Norte sobrevivió hasta hace 11 600 años, época en la que ya había ocurrido la ocupación humana, y se cree que fue una especie social, que formaba grupos o manadas como los leones actuales.

Ya sea una sola especie o varias subespecies, resulta evidente que el león tuvo la mayor distribución de todos los mamíferos terrestres. Hace apenas 10 000 años, los leones aún abarcaban vastos territorios del globo terráqueo, del sur de Europa hacia el este, pasando por la India, y en todo el continente africano, salvo los desiertos más secos y las selvas tropicales. Los últimos leones de las cavernas desaparecieron en Europa en algún momento entre 340 a.C. y 100 d.C., pero el león asiático *Panthera leo persica* —subespecie que se separó de los leones africanos hace unos 100 000 años— perduró en Palestina hasta las Cruzadas. Sobrevivió hasta bien entrado el siglo xx en Siria e Irak, y se le vio en Irán en la década de 1940. Hace alrededor de doscientos años, el león asiático aún tenía una amplia distribución en la mitad norte del subcontinente indio. Sin embargo, hoy los únicos leones salvajes que quedan fuera de África son unos trescientos leones asiáticos en el santuario del Parque Nacional de Gir, ubicado en el estado de Gujarat, India.

Como sucedió cuando se extinguieron los dientes de sable, nadie sabe bien a bien qué hizo que los leones desaparecieran de una parte tan grande de su anterior área de distribución. Sin duda, el cambio climático debe haber influido y las alteraciones resultantes en la distribución de la vegetación tal vez modificaron el tipo y la abundancia de las presas disponibles para los leones. El hecho de que los bosques se extendieran por gran parte de Europa después de la Edad de Hielo bien pudo haber contribuido a acelerar el repliegue de un felino quizá más adaptado a un terreno abierto. Desde luego, la competencia con el humano habría sido considerable. Los leones eran los animales más peligrosos con los que

debían competir nuestros antepasados y algunas veces cazaban y mataban humanos, como lo hacían los leopardos y los felinos dientes de sable. Se han hallado cráneos de los primeros humanos en sus madrigueras, triturados como cascarones de huevo por los poderosos colmillos de los grandes felinos. Pero todo eso no tardó en cambiar. Lo que nos faltaba en fuerza y velocidad lo compensamos con previsión. Nuestro gran cerebro de primates nos permitió aprender a cazar en grupo y a aprovecharnos de las presas cazadas por otros depredadores. Con el desarrollo del lenguaje, pudimos comunicarnos con mayor eficiencia; nuestras armas eran refinadas. Ya podíamos planear cómo atacar a un depredador y a su presa, y contábamos con las armas para hacerlo.

No pasó mucho tiempo antes de que los físicamente más débiles entre los depredadores se volvieran invencibles conforme pequeños grupos de nuestros ancestros partieron de África hace 100 000 años para colonizar el mundo, dejando una ola de destrucción a su paso. Aun así, el humano no logró un dominio total sobre los leones sino hasta hace apenas 25 000 años: a lo sumo, el hombre de la Edad de Piedra compartió el dominio con los leones entre los depredadores. Sin embargo, el descubrimiento de la agricultura y la domesticación del ganado marcó el principio del fin para los mayores depredadores, como el león y el lobo. Debiendo proteger su sustento, el humano persiguió a los depredadores sin cuartel, y más adelante la invención de las armas de fuego, más que ninguna otra cosa, aceleró la desaparición de los depredadores más grandes del mundo. Las especies que eran presas naturales del lobo y el león pronto empezaron a desaparecer bajo una lluvia de balas, y con ellas se fueron los animales con los que se alimentaban. A principios del siglo xx, el león del Cabo de melena negra, *Panthera leo melanochaita*, se había esfumado de su bastión en los confines sureños del continente, y para la década de 1930, los últimos leones de África del Norte o de Berbería, *Panthera leo leo*, con su magnífica melena oscura que les crecía más allá de los hombros y les cubría el vientre, se desvanecieron de su último refugio en las escarpadas montañas Atlas

La mayor especie de *Smilodon* era un felino del tamaño de un león con colmillos de hasta 28 cm, de los cuales sobresalían 17 cm del maxilar superior.

de Marruecos, aunque sobrevivieron un tiempo en palacios reales y zoológicos.

Entre 1800 y principios de la década de 1900, el ser humano mató animales salvajes en una escala descomunal, acicateado por la codicia y sin mostrar preocupación alguna por las consecuencias. Más de 60 millones de bisontes fueron exterminados a lo largo y ancho de América del Norte, con lo que se destruyó el modo de vida de los indígenas americanos y se abrió el terreno para el ganado. Hacia 1903, sólo quedaban 21 búfalos salvajes y el inquietante aullido del lobo llegó a simbolizar la pérdida de la vida salvaje: un sonido conmovedor y melancólico.

La Gran Matanza, como la llamó Colin Willock en su libro *Wildfight: A History of Conservation* [La lucha de la naturaleza: una historia de la conservación], no se limitó al continente americano. Antes del arribo de los colonos europeos al sur de África, enormes manadas de delicadas gacelas saltarinas, ñus azules y cebras cuaga migraban estacionalmente por vastas zonas, como lo hacen hoy las gacelas de Thomson, los ñus de barba blanca y las

La migración asciende a 1.3 millones de ñus y 200 000 cebras, con unas
350 000 gacelas de Thomson que se desplazan en una zona más restringida.

cebras comunes en el Parque Nacional de
Serengueti y el Masái Mara. Entonces llegaron
los agricultores y los cazadores de pieles. En
1836, 7 000 audaces afrikáneres abandonaron
la colonia de El Cabo para trasladarse a lo que
se convertiría en el Estado Libre de Orange,
Natal y el Transvaal. Su éxodo tuvo como
motivación la búsqueda de una tierra libre del
dominio británico. En 1828, presionadas por
el Parlamento y la opinión pública inglesa,
las autoridades de El Cabo decretaron que los
nativos libres gozaban de los mismos derechos y
la misma protección que los colonos. Cinco años
después, la Ley de emancipación de los esclavos
abolió la esclavitud en todo el Imperio Británico
—que abarcaba la cuarta parte del mundo— y
exigió la emancipación de 36 000 esclavos de
la colonia de El Cabo para 1838. Los bóeres
vieron la igualdad como una pérdida de sus

derechos y la emancipación como un robo de
su propiedad. Algunos grupos de exploradores
bóeres ya habían encontrado tierras fértiles al
norte del río Orange, ricas en animales de caza
y prácticamente deshabitadas. Los *voortrekkers*
("*pioneros*" en afrikaans), con la Biblia en
una mano y un rifle en la otra, pusieron a sus
familias y sus escasas posesiones en carretas
tiradas por bueyes, y se llevaron consigo a sus
esclavos. Muchos eran excelentes tiradores,
como lo descubrieron, para su desgracia, los
británicos durante la Guerra de los Bóeres.
Pero, por encima de cualquier otra cosa, eran
agricultores hasta la médula y les encantaba
cazar.

Se calcula que en aquellos días unos 40
millones de gacelas saltarinas vagaban en vastas
extensiones del sur de África y migraban en
enormes tropeles desde el interior huyendo de

las épocas de sequía. Hoy en día, el espectáculo
más grande de la vida salvaje —1.3 millones de
ñus, las 350 000 gacelas y las 200 000 cebras
de la zona de Serengueti-Mara— palidece en
comparación. Las gacelas saltarinas se reunían
en grandes concentraciones dondequiera que
las tormentas aisladas formaban una mancha
verde, sólo para esfumarse otra vez cuando la
lluvia empezaba a caer en el interior. Como el
ñu nómada, podían sentir la lluvia a la distancia.
Los *voortrekkers* vieron a las gacelas saltarinas,
cuyo principal alimento era el pasto, como si
fueran una plaga de conejos, competidores para
su ganado y una fuente de pieles vendibles y
carne seca llamada *biltong*.

El cazador y aventurero escocés George
Gordon Cumming describe una escena típica
durante una migración de gacelas saltarinas o
trekbokken en 1844:

Miro a mi alrededor y me quedo contemplando el terreno al norte de mi campamento, totalmente cubierto por una densa masa viviente de gacelas saltarinas, que caminan a paso lento y constante y se extienden desde un paso en una larga hilera de colinas al oeste, a través del cual manan como la crecida de un gran río, a una milla al noroeste, aproximadamente, por donde desaparecen. La amplitud del terreno que cubrían podría haber sido de unos 800 m. Estuve de pie sobre el baúl delantero de mi carreta unas dos horas… En ese lapso, nunca se detuvo el correr de un río de vastas legiones entre las colinas, en una falange compacta ininterrumpida.

El asombro que sintieron Cumming y sus hombres no los disuadió de cabalgar hacia la manada y despacharse a catorce ejemplares.

No es de sorprender, entonces, que la cebra cuaga haya desaparecido en 1883 del *veld* (amplia pradera) del sur de África, cuyas planicies alguna vez se oscurecían hasta donde alcanzaba la vista con una falange en movimiento de ñus y cuagas. El sobreviviente solitario de esta raza murió en una jaula del zoológico de Amsterdam.

Incluso cuando se crearon santuarios de fauna a fin de proteger lo que quedaba de la vida salvaje para la posteridad, se vio a los depredadores con suspicacia, en particular al león —depredador de humanos y bestias—. La acusación más perjudicial contra criaturas como los leones era que, a menos que se les mantuviera bajo una vigilancia estricta, diezmarían a la población de presas (lo que resulta irónico, pues el hombre ya lo estaba haciendo). La simpatía estaba del lado de las presas de ojos ingenuos y no del animal cazador. Se debía proteger al hermoso antílope del voraz león. Se tenía un especial desprecio hacia los perros salvajes y las hienas, cazadores que perseguían a su presa hasta el agotamiento antes de despedazarla. Su método de matar por destripamiento era considerado "antideportivo", no sólo por los agricultores, sino también por los cazadores y los guardas de las reservas. A finales del siglo XIX se calcula que había 200 000

perros salvajes en África. Hoy quedan a lo sumo 5 000, posiblemente no más de 3 000. Se juzgaba a los grandes felinos en un tenor algo distinto, en parte por la manera en que mataban a su presa, de una sola mordida. Pero al ser humano siempre se le ha dificultado ver a los depredadores de alguna otra manera que no sea como rivales, y los siguió clasificando como alimañas. Incluso los guepardos, de carácter afable, resultaron castigados por este sentir contra los depredadores y fueron asesinados por cientos.

Por fortuna, siempre hubo personas iluminadas que lucharon por contener esa oleada. Una de ellas fue James Stevenson-Hamilton, quien en 1902 recibió el nombramiento de primer guarda de la Reserva de Fauna de Sabi, Sudáfrica. Se trató de un logro monumental considerando la actitud de la población en general. La misión de Stevenson-Hamilton fue "hacerme tan impopular como sea posible entre cazadores y cazadores furtivos". Creía que la naturaleza era la mejor administradora de la vida salvaje y si se la dejaba sola equilibraría el número de depredadores y presas, una mentalidad que se adelantó por años a su época. Sin embargo, los residentes del bajo *veld* colindante con el parque se mostraban reacios a aceptar que los objetivos del santuario fueran eliminar la influencia del ser humano moderno y preservar toda la vida salvaje: tanto los depredadores

como sus presas. Las cosas se complicaron por el hecho de que la caza no controlada, fuera y dentro de la reserva, en busca de carne, pieles y trofeos había llevado a los leones a atacar el ganado. En vista de las circunstancias, a su pesar, Stevenson-Hamilton aceptó reducir el número de leones hasta que los animales de presa se recuperaran, aunque era el primero en reconocer que los depredadores "acaban con todos los ejemplares viejos y débiles entre sus presas y, así, permiten la supervivencia de los más aptos".

No obstante los esfuerzos de Stevenson-Hamilton por mantener el control de los carnívoros dentro de límites razonables, entre 1903 y 1927 el número mínimo de depredadores que murieron a manos del guarda y su personal fue: 1 272 leones, 660 leopardos, 269 guepardos, 521 hienas, 1 142 perros salvajes y 635 cocodrilos. Si se sumaban los depredadores más pequeños, los reptiles y las aves de rapiña, el total ascendía a 18 428 animales. Pero para 1926 las ideas habían avanzado al grado de que el santuario pudo abrir sus puertas a visitantes y fotógrafos de la naturaleza, un presagio de la llegada del turismo, y se declaró a las reservas de la fauna de Shingwidzi y Sabi como el primer parque nacional de África, el Kruger.

Pronto se hizo evidente que los animales que más despertaban la curiosidad de la gente eran los grandes felinos —en especial,

Un león nómada estrangula a un jabalí. Los leones matan de una sola mordida que rápidamente incapacita a su presa.

África oriental sigue favoreciendo la prohibición del comercio de marfil, mientras que a la mayoría de los países de África del sur les gustaría que el mercado se abriera: en el pasado, este comercio los ha ayudado a financiar la conservación.

pululaban las moscas tsetsé, que transmiten una forma de enfermedad del sueño mortal para el ganado. El explorador alemán Oscar Baumann fue probablemente el primer europeo en ver las planicies del Serengueti cuando en 1892 viajó hacia el oeste desde el cráter de Ngorongoro. Hay razones que explican por qué los colonos tardaron tanto tiempo en explorar esta parte de la tierra de los masáis. Incluso los "esclavistas" evitaban la zona del Serengueti, considerada una región asolada por la fiebre con kilómetros de vegetación baja y poca agua. Era una zona de fauna deshabitada, hogar de unos cuantos masáis nómadas y waikomas itinerantes que cazaban con flechas envenenadas y trampas durante la temporada seca. Los únicos habitantes semipermanentes eran los cazadores wandorobos, que dormían en cuevas en las cordilleras centrales y comerciaban carne y pieles con los waikomas a cambio de ovejas. Al noreste, las colinas de Loita constituyeron una barrera desconocida para los primeros exploradores y cazadores de Kenia, que no lograron convencer a los masáis de guiarlos más al sur. Y en el norte, en la región de Ikoma, el cinturón de la enfermedad del sueño les impedía el paso.

Sin embargo, tras su descubrimiento, la tranquilidad no duró mucho para los animales salvajes. Kenia, lo mismo que cualquier otro país africano, puede afirmar que fue la cuna de los safaris —safaris de caza—, tradición que se remonta a principios del siglo XIX, cuando colonos audaces complementaban sus ingresos acompañando a cazadores visitantes en busca de grandes presas. Aun antes de que el ferrocarril llegara a Nairobi en 1900, porteadores y carretas tiradas por bueyes se aventuraban en el interior provenientes de la costa, y al finalizar la Primera Guerra Mundial los cazadores empezaron a abrir el Serengueti al paso de los vehículos.

La caza deportiva era una preciada y antigua tradición en Inglaterra, al igual que en el continente europeo y América del Norte. Una parte de esa caza no tenía mucho de "deportiva" que digamos. El objetivo de un safari en el Serengueti era matar leones con arco y flecha, con el respaldo de hombres en automóviles armados con rifles. En un lapso de tres meses, se mató

los leones—, seguidos por los elefantes y las jirafas. En su último informe anual, de 1945, Stevenson-Hamilton calculaba que la población adulta de leones del parque era de alrededor de ochocientos; mientras que cuando se hizo cargo de la zona de Sabi en 1902 sólo había nueve. Hacia los años cincuenta, la investigación científica había empezado a participar en la administración del parque y se tomaban en serio las inquietudes en cuanto a la legitimidad de sacrificar a los depredadores para proteger a los animales de presa. No obstante, entre 1954 y 1960 se mató a 51 guepardos. Finalmente,

en 1960, el control de carnívoros se abandonó de manera oficial. Aun así, se calcula que, entre 1902 y 1969, se sacrificó por lo menos a 4000 leones del Parque Kruger.

El Masái Mara y el Serengueti, donde aún habita una gran cantidad de grandes felinos y se vanaglorian de tener una población combinada de 3000 leones, fueron territorio desconocido para los europeos hasta hace poco más de un siglo. En aquella época, gran parte del Masái Mara estaba muy arbolada (el nombre Mara significa "manchado" en lengua masái): eran tierras salpicadas de bosques de acacias donde a tiros a 51 leones, aunque sólo cinco con arco y flecha, entre ellos, una leona dormida en un árbol.

A partir de 1925, el Serengueti se convirtió en *el* lugar para matar leones. Un cazador explica: "Luego de un desayuno ligero salíamos a toda prisa en un auto para ver cuántos leones podíamos escoger para tapetes". Remataron su safari trayendo a un grupo de lanceros nandis de Kenia que mataron con su lanza a cuatro leones para su película. Para entonces la matanza había alcanzado tales proporciones que el gobierno de Tanganyika estableció un santuario de leones con 2 300 km² en el corazón del Serengueti. Pero la matanza de leones no disminuyó en absoluto en torno a las fronteras del santuario hasta 1937, cuando toda la caza se detuvo y el Serengueti se volvió una reserva de fauna permanente.

Al norte de la frontera, en Kenia, la historia de destrucción era muy parecida. La región mara se abrió a la caza después de la Segunda Guerra Mundial y durante un tiempo se produjo una carnicería fuera de control en busca de trofeos y *biltong*. Incendios provocados por cazadores

Los impalas pueden dar saltos de 3 m de altura y 9 m de longitud, lo que los ayuda a escabullirse de las garras de los depredadores y tener éxito en su escapatoria.

furtivos y recolectores de miel penetraban en la densa vegetación formada por arbustos de acacias, lo que permitió que los pastizales se extendieran y los masáis volvieran con su ganado. En 1948, un área de 520 km² entre la escarpadura de Esoit Oloololo (también llamada de Siria), la frontera con Tanzania y el río Mara (zona hoy conocida como el Triángulo Mara) se declaró reserva nacional de fauna y se reglamentó la caza. En 1961 la reserva se puso bajo el control directo del ayuntamiento de Narok y sus fronteras se ampliaron al este del río para incluir el área donde ahora se filma *Diario de grandes felinos*. Sin embargo, las fronteras nunca son absolutas en el mundo de hoy. En 1984 se suprimieron tres secciones para permitir a los masáis y su ganado el acceso a abrevaderos en la temporada seca y la reserva se redujo a su tamaño actual de 1 510 km², lo que representa una pérdida de 10% del área destinada a la vida salvaje. Hoy más que nunca los masáis codician los ricos pastizales que encierra la reserva.

Moru Kopjes, en el Serengueti, es un espectacular conjunto de antiguas formaciones rocosas de granito. Algunas de las rocas cerca de Seronera, en el centro del parque, se cuentan entre las más antiguas del mundo, con dos a tres mil millones de años.

La vida con la manada

Era sorprendente lo poco que se sabía sobre los leones, los leopardos o los guepardos hasta que, en 1969, el biólogo estadounidense George Schaller concluyó su estudio de tres años de duración sobre los grandes depredadores africanos en el Serengueti. Anteriormente se tenía una visión general del comportamiento del animal con una perspectiva antropológica, influida por los mitos y anécdotas de los primeros exploradores y cazadores. Las más de las veces sus relatos se referían a cuántos leones o rinocerontes habían matado en un día o lo fácil que era cazar, en vez de ofrecer información sobre cómo vivían los animales. Los estudios realizados en zoológicos muchas veces resultan engañosos, en particular en el caso de las criaturas más sociales. No fue sino hasta finales de los años cincuenta cuando los biólogos empezaron a abandonar el laboratorio para estudiar a los animales en la naturaleza, y entonces surgió un nuevo mundo lleno de complejidad. Schaller recorrió 149 000 km en busca de sus sujetos de estudio en un área de aproximadamente 650 km² alrededor de Seronera, en el centro del parque, y pasó 2 900 horas observando a los leones. Había llegado el momento de separar los hechos de la ficción y de presentar al mundo una nueva criatura: el león del Serengueti.

Mientras Schaller estaba ocupado estudiando a los leones en el Serengueti, una excepcional húngara llamada Judith Rudnai se puso a investigar los hábitos y la ecología de los leones en el Parque Nacional de Nairobi para obtener su grado de maestría. Su propósito era dar a las autoridades información sólida sobre la principal atracción turística del parque. Estaba particularmente interesada en descubrir qué efecto tenía la depredación de los leones en las poblaciones de presas, la misma pregunta que John Owen, entonces director de Parques Nacionales de Tanzania, había pedido a Schaller que respondiera en el Serengueti. Hasta ese momento, la gente suponía que la respuesta era demasiado obvia para precisar su verificación: por su mera naturaleza, los depredadores eran perjudiciales para las poblaciones de presas y, si se les protegía, leones, guepardos, hienas y perros salvajes invadirían grandes extensiones

El doctor Scott Creel (izquierda) y Goran Spong colocan un radio collar y toman muestras de sangre de una leona en la Reserva de Fauna de Selous, Tanzania.

Cada león tiene un ordenamiento único de los folículos de sus bigotes, tan individual como las huellas digitales de los humanos, que sigue siendo el mismo durante toda su vida.

y acabarían con los animales de caza. Con el tiempo, científicos como Schaller y Rudnai demostrarían lo equivocadas y destructivas que habían sido estas suposiciones.

Las divergencias entre los estudios de Schaller y de Rudnai eran enormes, sólo tenían en común a los leones. Rudnai trabajaba cerca de una capital de un millón de habitantes (ahora de tres millones) en un parque de 117 km², cercado por tres lados, rodeado por la mancha urbana y con 200 000 visitantes al año. Es decir, no exactamente como uno se imagina el África salvaje, a pesar de sus atractivos. Por su parte, Schaller recorría un parque cien veces más grande, con no más de 50 000 visitantes al año. Sin embargo, a pesar de las diferencias en el ambiente, pronto se puso de manifiesto la validez de ciertos principios básicos sobre el comportamiento de los leones.

Ya se había deducido que los leones eran la excepción en la familia de los felinos en el sentido de que eran sociales, pues los machos y las hembras adultos viven juntos en grupos llamados manadas. Tanto Schaller como Rudnai se dieron cuenta de que la clave para estudiar animales sociales consistía en ser capaces de identificar individuos. Mientras que Schaller usó radio collares y aretes de identificación para ayudarse a rastrear e identificar a sus animales de estudio, ésta no era la solución para Rudnai. En el área relativamente pequeña y confinada del Parque de Nairobi, colocar radio collares era innecesario y, de cualquier modo, las autoridades del parque jamás lo habrían aceptado: los visitantes quieren que sus leones se vean como animales salvajes y, en una población de sólo treinta leones, los que tuvieran collar habrían sido muy notorios.

En vez de ello, Rudnai ideó un método mucho más novedoso y discreto. A ambos lados del hocico, todos los leones tienen filas de largos bigotes llamadas vibrisas, que los ayudan a encontrar su camino en la oscuridad. Cada grupo de bigotes nace de un folículo oscuro. Rudnai se había dado cuenta de que una de las leonas que estaba estudiando tenía una línea torcida de folículos en un lado de su cara, lo que le facilitaba reconocerla. Esto la llevó a verificar si todos los leones tenían una disposición distinta de los folículos de los bigotes, como sucede con las huellas digitales de los humanos. Con ayuda del supervisor de su estudio, Laurence Pennyquick, puso a prueba su corazonada. Resultó que no sólo cada león tenía una disposición de los folículos de los bigotes distinta, sino que seguía siendo la misma durante toda su vida.

Pronto todos los estudiosos de los leones ya estaban usando el método de los folículos de los bigotes para identificarlos. Tomando fotografías de cada lado de la cara de un león y del frente, es posible construir una "filiación" de cada individuo, agregando las muescas en las orejas y los dibujos de manchas en la nariz por si acaso. A medida que el león crece, su nariz cambia de ser totalmente rosa a presentar varias manchas negras que poco a poco se van fundiendo. El método de Rudnai resultó ser bastante más confiable que tratar de identificar a un león porque sólo tenía un ojo o le faltaba parte de la cola. Estas lesiones y las cicatrices de viejas batallas no son raras, y con el tiempo hasta las heridas más deformantes llegan a sanar sin dejar huella. La melena puede oscurecerse y el tamaño del cuerpo cambiar, por lo que el animal quizá tenga una apariencia totalmente distinta la siguiente vez que se le ve, que puede ser años después.

Siempre se ha descrito a los leones como perezosos, en parte porque duermen mucho y pasan la mayor parte del día echados bajo un espino. Pero no están sino comportándose como leones, o sea, animales básicamente nocturnos. Después de que han cazado y se han dado un festín rico en proteínas, se pueden dar el lujo de hacer muy poco hasta la siguiente comida o hasta que sienten la necesidad de patrullar su territorio o reunirse con otros integrantes de su manada. Como ocurre tan poco a la luz del día, tanto Schaller como Rudnai recibieron autorización para seguir a los leones de noche. Rudnai amaba la experiencia de rastrear a los leones en noches de luna y en aquellos días quien quisiera podía andar en vehículos todoterreno en el Parque de Nairobi. En el fresco de la noche, los leones se transformaban en animales muy distintos, aunque seguían dedicando gran parte del tiempo a descansar.

En la primera serie de *Diario de grandes felinos*, nosotros también tuvimos la oportunidad única de observar a los grandes felinos de noche. Con luces y cámaras de rayos infrarrojos logramos iluminar su mundo sin importunarlos indebidamente (no pueden ver la luz con la longitud de onda infrarroja, por lo que no les afectaba). Todas las mañanas me cruzaba con el equipo nocturno a su regreso al campamento, todos venían con los ojos llorosos y muertos de frío luego de una noche larga y helada. En ocasiones no veían nada, pues los leones (el principal objetivo de su esfuerzo) lograban escabullírseles. Sin embargo, nuestra conmiseración por ellos se atenuaba porque sabíamos que los aguardaba un gigantesco desayuno caliente antes de darse una ducha y derrumbarse en la cama. Siempre nos deteníamos a charlar un poco, ansiosos de saber lo que habían visto, con la esperanza de que pudiera sernos de utilidad y localizar el objeto de nuestro interés con mayor facilidad. Al ver algunas de las secuencias filmadas, nos maravillaba percatarnos de cuánta ventaja otorgaba la noche a criaturas como los leones y los leopardos.

Los ojos de todos los felinos están extraordinariamente adaptados para la visión nocturna, y son seis veces más sensibles a la luz que los de los humanos. Esto se consigue de varias maneras. Los felinos tienen mayores aperturas (pupilas) y cristalinos en proporción con su retina (la capa de células fotosensibles en la parte posterior del ojo) que los humanos, así como una mayor proporción de bastoncillos —las células aún más fotosensibles de la retina, mejor adaptadas para la visión nocturna—. Por ser criaturas diurnas, tenemos menos bastoncillos y más conos, las células que permiten una mejor visión bajo una luz brillante. Los felinos también tienen una capa adicional de células atrás de la retina llamada *tapetum lucidum*. Ésta refleja cualquier luz de vuelta a través de la retina, lo que le da una segunda oportunidad de detectarla y transmitir la información al cerebro.

Unos ojos tan fotosensibles plantean el problema de cómo protegerlos a plena luz del día. Cualquiera que haya tenido un gato doméstico se habrá sorprendido ante la apariencia de rendija de sus pupilas durante el día. En la oscuridad, las pupilas de las especies más pequeñas de felinos se ensanchan y hacen casi circulares, lo que permite que llegue la mayor cantidad posible de luz a la retina. Pero a la luz del día, las pupilas de un gato se pueden cerrar hasta formar una rendija mediante la acción de los músculos ciliares, que se entrecruzan en vez de rodear la pupila, como se encuentran en nuestros ojos y en los de un león. La ventaja de una rendija es que puede cerrar más la pupila y deja pasar menos luz que incluso la pupila redonda más condensada. Si sumamos a esto el efecto de entrecerrar los párpados, la cantidad de luz que penetra en el ojo se reduce todavía más.

Los grandes felinos, como los leones, los leopardos y los guepardos, no tienen pupilas de rendija —las del león sólo tienen una forma ligeramente ovalada—. Quizás esto obedezca a que los felinos más pequeños suelen ser más nocturnos que sus parientes más grandes y pueden ver todavía mejor que ellos en la oscuridad. Los guepardos cazan casi exclusivamente a la luz del día y los leopardos —en especial cuando tienen crías y deben cazar con mayor frecuencia o necesitan evitar la competencia con los leones y las hienas— no dejan de ser muy oportunistas y a menudo cazan de día. Los leones también cazan de día cuando tienen hambre, por ejemplo, acechando un abrevadero o emboscando una presa que llega a beber en pleno día. No obstante, la

Cicatriz con uno de los cachorros de diez semanas de Khali. Cicatriz es el tipo de león que desean ver todos los que visitan África.

Miembros de la Gran Manada al atardecer. Aunque sin duda el león es el rey de los depredadores de África, cuando aparece una manada de elefantes, tiende —sabiamente— a cederle el paso.

mayoría de los felinos, grandes o pequeños, son básicamente nocturnos.

Nunca había tenido la oportunidad de observar animales en la noche y, en las raras ocasiones en que lo intenté, no contaba con el beneficio de unos binoculares de visión nocturna. Usar los faros de un vehículo y luces convencionales tiende a perturbar a los depredadores, y siempre se corre el riesgo de poner en peligro a la presa al deslumbrarla, lo que da al depredador una ventaja injusta a la que responden sin dilación. Pero los faros del vehículo del equipo nocturno de filmación estaban cubiertos con filtros infrarrojos y una cámara infrarroja montada en el techo transmitía una imagen en blanco y negro a un pequeño monitor colocado sobre el volante, de modo que el conductor pudiera ver hacia dónde dirigirse.

En una ocasión tuve la oportunidad de unirme al equipo nocturno de filmación, por lo que pude compartir con el público la experiencia de filmar en la noche. En el momento en el que me puse unas gafas para visión nocturna, cobró vida el oscuro mundo fuera de mi ventana. No era como ver a la luz del día —todo tenía un resplandor amarillo verdoso—, pero al menos podía ver. Los problemas empezaron cuando traté de mover el vehículo. Era como estar en un carro lunar, el mundo exterior se reducía a una imagen en blanco y negro de 15 x 10 cm.

Había perdido el sentido de la escala con lo que estaba viendo, y tardé en adaptarme a qué tan grandes e inamovibles eran las rocas o qué tan empinado era el declive frente a mí. A veces las consecuencias eran tan dañinas para la anatomía humana como para el vehículo.

Mientras tanto, los leones —cuando los hallábamos— caminaban frente a nuestro monitor como si fuera de día, y resultaba evidente que podían ver de maravilla aun en las noches más oscuras: cuanto más oscuro mejor, al menos en lo que se refería al éxito en la caza. Podía ser como boca de lobo para los ojos humanos, pero ahí estaban los leones paseando sin apuro alguno con sus pequeñas crías correteando a su lado, eligiendo un camino entre el terreno rocoso sin titubear, en tanto que nosotros tropezábamos y batallábamos para seguirles la pista. Era extraño ver a una leona, aparentemente al descubierto, sin el beneficio de un escondite, deslizarse agazapada en terreno abierto hacia una manada de ñus. Sin embargo, los ñus parecían despreocupadamente ajenos a la proximidad del depredador, no se movían y sólo miraban. ¿Hasta cuándo? ¿Escuchaban primero las pisadas sordas de la leona, o percibían su olor a almizcle, o finalmente detectaban su movimiento en medio de la oscuridad? Por la razón que sea, las presas

a menudo escapaban gracias a su velocidad de reacción. Lo único que se me ocurre es que herbívoros como el ñu, que necesitan pasar la mayor parte del día y de la noche alimentándose, no poseen una visión tan aguda como los felinos, criaturas fundamentalmente nocturnas.

Sin duda, para los leones es mucho más tranquilo cazar de noche. Representa una ventaja para ellos, pues cuentan con muy pocas glándulas sudoríparas y pronto empiezan a jadear para refrescarse si se esfuerzan demasiado, sincronizando su jadeo con el ritmo de su respiración. A veces se llega a ver a leones sin un resguardo cercano jadeando más de 200 veces por minuto, tomando aire por la boca y sacando la lengua para evaporar la humedad de sus membranas mucosas. Esto enfría la sangre y reduce la temperatura del cuerpo. Es mucho mejor, pues, cazar de noche, con el beneficio adicional para las manadas que viven fuera de la reserva o en los linderos de evitar el contacto con los masáis, que se retiran con su ganado al interior de sus *bomas* (cercos de espinos) cuando empieza a oscurecer.

En general, no sólo era más fácil para los leones conseguir presas en la noche, sino que el equipo nocturno de filmación logró captar a leones que cazaban especies a las que normalmente no prestarían atención de día. En más de una ocasión, los leones cazaron impalas y gacelas de Grant —animales que incluso al veloz guepardo y el persistente perro salvaje les cuesta alcanzar—, acercándose a ellos subrepticiamente cuando yacían descansando. Confundidos en la oscuridad, los antílopes no opusieron resistencia a cuatro o cinco leonas que se abalanzaron sobre ellos al unísono. Mediante este tipo de cooperación, los leones lograban mayor éxito en la caza de estas especies que una sola leona. Pero como lo descubrieron Schaller y Rudnai, las leonas nunca parecieron tener gran prisa por cazar, como si supieran que en algún momento algo se cruzaría en su camino, y tarde o temprano así sucedía. Luego de un arrebato de actividad inicial al caer la noche, cuando buscaban una presa, muchas veces se echaban y dormían la mayor parte de la noche.

El equipo nocturno de filmación pasó gran

*P*RONTO SE HIZO PATENTE *que el proceso de regular el número de hembras en una manada estaba en curso, de hecho, en la época en la que filmábamos a la Gran Manada. Una hembra subadulta de unos dos o tres años de edad sufría el acoso constante de las hembras mayores, en especial de las que tenían crías pequeñas, viéndose forzada a mantener su distancia por temor a que la atacaran. Seguramente la veían como una competencia indeseable por la comida, sobre todo en ese momento en que tenían una nueva generación de cachorros que alimentar, sin importar que probablemente una de esas hembras era su madre. La hembra joven ya tenía edad suficiente para cazar sola, pero persistía en tratar de quedarse con la manada, por lo que constantemente adoptaba posturas de sumisión para prevenirse contra una agresión. De momento, parecía dispuesta a seguir a sus parientes mayores a cualquier costo. Era desgarrador ver cómo era rechazada por sus compañeras de la manada, pero casi inevitable que, tarde o temprano, la joven hembra se viera obligada a convertirse en nómada.*

La migración de ñus y cebras es la migración de mamíferos más grande del mundo. En ocasiones, los ñus forman un frente devorador, que arrasa con la larga hierba de la avena roja conforme van entrando en el Mara al inicio de la sequía.

parte de su tiempo siguiendo a una manada de leones conocida como la Gran Manada, formada por leones que alguna vez pertenecieron a la Manada del Pantano (la manada en la que se centra *Diario de grandes felinos*), pero se habían separado unos años antes y ahora vivían más al norte, en la región de las acacias más allá de las fronteras de la reserva. Había ocho leonas en la manada, en su mayoría con crías pequeñas. La sociedad de los leones se basa en una solidaridad femenina de lazos muy estrechos, una alianza de hembras emparentadas de diversas edades —hermanas, primas, madres, tías y abuelas— y el número de hembras adultas de cada manada se mantiene asombrosamente constante, regulado por las propias hembras. Aunque la mayoría de las hembras jóvenes pueden permanecer en la manada en la que nacieron, hay ocasiones en las que esto significa demasiada presión para los recursos de la manada y se ven obligadas a marcharse.

Dominar un territorio lo es todo para los leones, y el tamaño del territorio varía de acuerdo con la disposición de presas y la densidad de la población de leones en el área circundante. Schaller descubrió que la mayoría de las manadas de leones en el Serengueti vivía en los bosques, donde habitan todo el año búfalos, jabalíes y antílopes topi. Pero también dedicó tiempo a observar a los leones en las planicies del Serengueti, desprovistas de árboles, y se percató de que ahí habían tenido que adoptar un modo de vida muy distinto.

Mientras la migración de ñus y cebras oscurece las planicies, cobrar una presa es fácil para cualquier león. Sin embargo, cuando los vientos secos del este empiezan a ganar fuerza a finales de mayo y principios de junio, los ñus y las cebras se van; algunos de ellos enfilan directamente hacia el norte, al Mara, donde —gracias a las lluvias más intensas— encuentran mucho pasto y agua para sustentarse durante la temporada seca. Las especies que logran sobrevivir en las planicies sin agua, como los avestruces y las gacelas de Grant, son presas difíciles para los leones. En consecuencia, muchos de los leones que, a duras penas, intentan mantenerse en las planicies son nómadas que viven exiliados del sistema de manadas en un intento de evitar una confrontación con los miembros de las manadas de los bosques y, de ser posible, forman su propia manada. Algunos de ellos siguen a las manadas de ñus y cebras hacia el norte y, si corren con suerte, llegan a establecer un territorio en algún lugar del camino. Los que deciden quedarse enfrentan tiempos difíciles: sacan jabalíes de sus madrigueras en la tierra dura como piedra, despojan a los guepardos y a los perros salvajes de sus presas, y pelean con los clanes de hienas.

De vez en cuando, las planicies del Serengueti reciben lluvia suficiente para que crezca pasto para alimentar a los antílopes topi, alcélafos y jabalíes todo el año; cuando esto ocurre los nómadas rápidamente tratan de establecer territorios ahí. Pero no deja de ser una existencia precaria y circunstancias desfavorables para que los leones críen a sus pequeños. Para que una leona tenga éxito como madre, necesita formar parte de una manada, con acceso a un suministro confiable de alimento y machos protectores de tiempo completo para mantener a raya a los nómadas que podrían amenazar la vida de sus cachorros.

Si planeáramos sobre la migración de ñus y cebras conforme las manadas se esparcen en el Masái Mara, veríamos debajo la región perfecta para los leones: planicies ondulantes y matorrales de acacias divididos por corrientes de agua intermitentes (llamadas *luggas*) y zonas boscosas. Las características geográficas naturales influyen en la distribución de las presas, lo que a su vez determina el número de leones que cada área puede mantener. Las manadas de leones han dividido cada rincón del Mara en un mosaico de territorios; no hay ningún lugar donde no se encuentren leones. Algunos de los territorios de las manadas son de sólo 30 km², mientras que otros tienen el cuádruple de ese tamaño. Los leones son bastante flexibles en su capacidad de adaptación a diferentes tipos de hábitat, desde ambientes ricos en presas como el Mara hasta el rigor de la vida en el desierto de Kalahari, Botswana, donde los leones recorren extensas zonas en la temporada seca en busca de suficiente alimento; se sabe que en el Parque Nacional de Etosha, Namibia, una manada tuvo como hogar un área de 2075 km². Con la abundancia de presas que viven ahí y el arribo anual de cientos de miles de ñus y cebras, el Mara tiene todo lo que un león podría necesitar.

Machos nómadas en las planicies de pasto corto del Serengueti. Durante la temporada de lluvias, las planicies del sur reverdecen con nuevos brotes, lo que atrae a las manadas de bovinos errantes y a los depredadores que se alimentan de ellos.

Los machos de una manada tienen un papel vital en la sociedad de los leones. Al patrullar, marcar con su olor y rugir, definen la extensión de su territorio, disuadiendo a otros machos de invadirlo.

Las fronteras del territorio de una manada son flexibles y estacionales, y se pueden encoger o contraer con el paso del tiempo. Las marcas naturales como ríos, valles o laderas definen algunos territorios, aunque el río Mara no constituye una barrera para un león o un leopardo, pese a que no les gusta mojarse, y la Manada del Pantano a veces cruza en masa para "trabajar su segundo turno" en el territorio de la Manada de Kichwa Tembo, en el Triángulo del Mara, y viceversa. En su mayoría, las fronteras son invisibles para el ojo humano, pues están marcadas por el olor esparcido en los matorrales por los machos, la presencia física de los propios leones y sus rugidos de gran alcance. Cada uno de los miembros de una manada posee un sentido bien definido de cuál es su hogar. El hogar es el lugar donde una leona puede encontrar sombra al calor del día, un sitio que le permite tender emboscadas para capturar presas y un escondite seguro para criar a sus cachorros. Ésa es el área central —el corazón del territorio— que una manada defiende con mayor tenacidad. Como las leonas consiguen la mayor parte del alimento, proteger sus terrenos de caza es de primordial importancia y están bien preparadas para luchar con otras hembras a fin de hacer valer su derecho a una zona.

Sin embargo, necesitan machos en la manada para evitar que los machos rivales invadan su territorio y maten a sus crías.

El "hogar" de la manada tiene un significado distinto para los machos, para los que un territorio tiene que ver sobre todo con los derechos de reproducción. En hábitats ricos en presas como el Mara, en general pueden confiar en que obtendrán suficiente comida con lo que cazan las leonas y lo que roban a las hienas: no tienen gran necesidad de cazar ellos mismos. Su mayor preocupación es evitar que posibles competidores penetren en su territorio y tomen el control de sus hembras. El sexo es una poderosa influencia en la vida y los leones machos tratarán de aparearse con las hembras en celo de otras manadas si las encuentran

En ocasiones, los miembros de la manada se confabulan contra un individuo y lo acosan —aunque por poco tiempo—, como lo hacen aquí estas leonas de las Planicies de los Topis con una joven pariente.

desprotegidas. De manera similar, una leona en celo en ocasiones aceptará a un macho extraño, pero éste, de algún modo, tendrá que haber burlado la protección de los machos de esa manada y, en un terreno relativamente abierto como el Mara, no resulta nada sencillo. Con tantas cosas en juego, no es de sorprender que los machos y las hembras se muestren particularmente hostiles con los especímenes de su mismo sexo que no son de su manada.

El territorio se hereda de una generación de leonas a la siguiente, en un matriarcado perdurable. Con los años, los machos de la manada llegan y se van; no establecen dinastías, sino que se ven forzados a marcharse o son víctimas de una nueva generación de reyes leones. Todos los machos jóvenes dejan su manada de origen cuando cumplen de dos a cuatro años, ya sea voluntariamente o a causa

de la agresión creciente de los adultos de ambos sexos. Esto ayuda a evitar la endogamia. Los hermanos, medios hermanos y primos de edad similar se van juntos —cuantos más sean, mejor— y se vuelven nómadas. En la sociedad de los leones, por lo general las coaliciones más numerosas son las que engendran más crías y dominan los mayores grupos de hembras, a veces controlando un grupo de manadas. Si a un joven macho le toca la mala suerte de no tener parientes machos que se unan a él cuando llega el momento de abandonar su manada, tratará de aliarse con otro u otros dos machos nómadas; de lo contrario, sus oportunidades de hacerse de una manada y tener descendencia son escasas.

Es raro que los leones machos logren ganar un territorio antes de los cuatro o cinco años. En ese momento, ya han alcanzado su máximo crecimiento y suelen tener una melena bien

desarrollada, que en la mayoría de los casos sigue poblándose y puede oscurecerse conforme envejecen. Para reproducirse con éxito, los machos jóvenes deben desplazar a los machos pertenecientes a la manada de un territorio, a menudo a la fuerza; sin embargo, si un grupo de recién llegados es lo bastante grande, prácticamente puede llegar y asumir el poder, es la potestad del número. Estos machos nómadas (así como los machos de una manada que tratan de ganar el control de una segunda manada) matan a las crías, pues así se aseguran de que las hembras estén receptivas sexualmente y se apareen con ellos cuando se hayan establecido en la manada. Al matar a las crías también se aseguran de que haya menos competencia por el alimento cuando nazcan sus hijos. Se trata de una vida dura, muy alejada de la idea popular de que los leones machos son animales perezosos sólo interesados en robar su siguiente comida a las leonas o hienas. Al anochecer y fuera de la vista de los visitantes, hay un territorio por patrullar y marcar, y peleas por ganar. Y, como veremos, en algunas partes de África, los leones machos cazan un alto porcentaje de su propio alimento.

Los machos están presionados para hacerse de un territorio lo antes posible, por la sencilla razón de que tienen una vida reproductiva más corta que las hembras. Cuando cumplen 9 o 10 años, su esplendor ha quedado atrás: probablemente menos de 10% de los machos vive más de 12 años en libertad; muchos, bastante menos. Las hembras viven hasta 15 años (el récord en el Serengueti es de 17 años) y siguen pariendo cachorros la mayor parte de su vida adulta. Hasta cierto punto, esto se refleja en la manera en que machos y hembras defienden su territorio. Para las hembras, esto supone una vida de disputas territoriales que no necesariamente tienen que resolverse de inmediato. De ahí que adopten una actitud más cautelosa con los intrusos que los machos, pues rara vez se lanzan en un ataque serio contra sus vecinos a menos que los superen considerablemente en número. Pero los machos

no tienen tiempo que perder; un reto de una coalición rival puede significar el fin de su descendencia, tal vez incluso el fin de su vida. Cuando los machos reclaman sus derechos sobre un grupo de hembras, deben hacer cuanto esté en su poder para conservarlas.

Por lo general, los leones de ambos sexos mantienen vigilada la mayor extensión de territorio que esperan defender. Algunas manadas de hembras prosperan año tras año, y pueden incluso expandir sus territorios, expulsando a los rivales menos poderosos y numerosos, y ganando más espacio para albergar a las hembras jóvenes. A veces, cuando una manada da origen a un grupo grande de leonas jóvenes, éstas pueden llegar a formar otra manada en una parte de su territorio natal o acabar desplazando a sus parientes más viejas. En otras ocasiones, una manada simplemente deja de existir, al alcanzar un *impasse* genético con muy pocas hembras para conservar el territorio y un número insuficiente de cachorros sobrevivientes para reconstruir la manada. El papel de los machos en esta situación es el del

oportunismo. Habiendo ganado el control de una manada, tal vez intenten expandir su esfera de influencia para incorporar más de un grupo de hembras (por consiguiente, el territorio de una coalición de machos puede ser mayor que el de una sola manada). No obstante, aun cuando esto llega a ocurrir, las hembras mantienen la identidad de su manada y se aferran a su propio territorio.

Fuera de un breve intento por averiguar cuántos leones había en el Mara, durante muchos años la comunidad científica soslayó al rey de las bestias en esta parte de África oriental. No fue sino hasta que Joseph Ogutu, un joven estudiante keniano de la Universidad de Moi, Nairobi, terminó su estudio sobre los leones del Mara en 1992, cuando tuvimos una idea más clara de la cantidad de leones que viven en la reserva, así como de su estructura social.

Durante un periodo de 16 meses, Ogutu recorrió de un lado a otro la reserva en busca de leones. Pero los leones pueden ser frustrantemente escurridizos: a veces los miembros de una manada llegan a dispersarse

Machos de una manada del Serengueti. Las mayores coaliciones de machos tienden a conservar territorios por más tiempo y a engendrar más cachorros.

en los 100 km² de su territorio, o se pueden reunir todos en un solo lugar, lo que le dificulta al observador ubicarlos y calcular su número. Los leones con territorios en la periferia del parque suelen mantenerse ocultos en el día para evitar el contacto innecesario con los masáis, y ninguno de los leones tenía ni tiene radio collar.

Para animar a los leones a mostrarse, Ogutu adoptó un método probado que el biólogo Butch Smuts había usado con gran éxito durante su trabajo en el Kruger, Sudáfrica, en los años setenta. Mediante altavoces portátiles, reproducía grabaciones de hienas en una cacería: una combinación de gritos estridentes, gruñidos y risas socarronas, todos ellos sonidos a los que pocos leones pueden resistirse y no ir a investigar en busca de robarse una presa. Como cabría esperar, a menudo eran los machos los primeros en salir de sus sitios de reposo. Con tantos visitantes escudriñando cada rincón del Mara ávidos de encontrar depredadores, los conductores y guías podían dar a Ogutu un punto de partida sobre el número de machos y hembras de cada manada, lo que le permitió complementar y verificar sus propios cálculos.

Al final de su estudio, Ogutu había localizado 22 manadas y logró identificar a la mayoría de los miembros de las manadas: un total de 484 leones, con un promedio de 22 leones por manada. A esto se sumaban 74 nómadas (78% de ellos machos), lo que arroja una población total de 558 leones. Excluyendo a los cachorros menores de un año, el número total de leones era de 457, una densidad de 0.30 por km² o

aproximadamente tres leones por cada 10 km². Sólo el Parque Nacional Lago Manyara en Tanzania, que es más o menos de la mitad del tamaño del Mara, tiene una mayor densidad de leones: ambas áreas albergan buenas poblaciones de presas todo el año, el factor fundamental que determina la densidad de leones en las zonas protegidas.

La manada más pequeña del Mara en aquel momento era la Manada de Kichwa Tembo, integrada por dos machos, cuatro hembras y dos cachorros —una manada en ciernes, recién tomada por nuevos machos—. Por desgracia, hoy ya no existe, aparentemente eliminada por pastores masáis como una declaración política para vengar la pérdida de derechos a sus tierras. Las únicas sobrevivientes al ataque fueron una leona vieja y su joven hija.

Como mostró el estudio de Ogutu, los nómadas constituyen una parte relativamente pequeña de la población de leones y deambulan solitarios, en parejas o en grupos reducidos. En su época en el Serengueti, Schaller calculaba que había alrededor de 400 nómadas entre los 2 000 leones del Serengueti, porcentaje algo mayor que el del Mara. Se trataba de machos y hembras jóvenes obligados a abandonar su manada natal al convertirse en subadultos, así como machos adultos despojados de su manada por nuevos machos y leones nacidos y criados como nómadas. Pero aunque podrían parecer marginados, los nómadas representan una importante reserva de sangre nueva. Los leones que están de más el día de hoy son los posibles

señores de territorios del mañana. Ningún león elige ser nómada; es una vida llena de peligros, de tratar de mantenerse al margen de conflictos con el orden establecido y de lucha para conseguir suficiente comida.

La manada más grande del estudio de Ogutu era la Manada de Talek, que vivía al este de la reserva, integrada por cuatro machos, 17 hembras y 27 subadultos y cachorros: un total de 48 leones. El río Talek siempre ha sido un lugar donde prosperan las grandes manadas, aunque rara vez, si acaso, se llega a ver a todos los miembros de una manada juntos. Me encontré con esta manada una mañana en mi camino a Keekorok Lodge. Nunca en mi vida había visto a tantos leones juntos. Conté a 35 de ellos tumbados a la sombra de una acacia de corteza amarilla, mientras una leona vigilaba un búfalo que habían cazado al lado de un matorral. Me maravilló su seguridad en sí mismos, eran la imagen del poder en reposo, nada les quitaba el sueño, un asombroso retrato de los beneficios de formar parte de un grupo sustancial.

Ogutu descubrió que casi la mitad de las manadas del Mara contaban con diez o más leonas, y todas las grandes manadas tenían coaliciones de tres o cuatro machos. Las manadas alrededor de la zona de Musiara, donde viven los leones del pantano, tienden a ser algo menores, con seis a ocho leonas como norma. En general, las manadas más grandes se concentran en el sur y el este de

---

*E*NCONTRAMOS A LA VIEJA HEMBRA *en un safari reciente por Governor's Camp después de que había cruzado el río hacia el territorio de los leones del pantano. Al principio pensamos que era una hiena tumbada al borde de un carrizal, pero cuando levantó la cabeza nos dimos cuenta de que era una leona. Probablemente tenía unos 15 años y nos recordó a Angie y a mí a una leona de la Manada de Kichwa Tembo, conocida como la Vieja, a la que habíamos estado siguiendo cuando Ogutu empezó su estudio sobre los leones del Mara. Aunque siguen perteneciendo a una manada, a las hembras viejas como ésta a menudo les resulta cada vez más difícil cazar para sí o pelear por conseguir su parte de una presa, y poco a poco van perdiendo condición. Esta hembra tenía un aspecto patético, con su frágil cuerpo empequeñecido por su enorme cabeza. No era más que piel y huesos, con heridas abiertas en el lomo y los cuartos*

traseros, y apenas podía caminar. Nos preguntamos si sufriría la misma suerte que la Vieja, forzada a robar ganado de los bomas masái y a pagar con su vida por sus transgresiones.

Más o menos una semana después oímos que la habían encontrado muerta en las planicies. Quizá simplemente se tumbó y murió antes de que las hienas acabaran con ella. Pero las probabilidades de que su hija tenga una larga vida parecen remotas. Sin el apoyo de hembras parientes, no pasará mucho tiempo antes de que un nuevo grupo de leonas reclame la zona y la expulse. La única certidumbre es que su vida como nómada será dura.

Luego de robar una pierna de topi a la hiena que lo cazó, la Manada de las Planicies de los Topis se disputa su posesión. La hembra adulta logró dominar a sus parientes más jóvenes y quedarse con la comida.

la reserva, territorios donde habita una buena población de presas. Las manadas de esas zonas parecen tener contacto con la migración de ñus y cebras por más tiempo que sus rivales que viven más al norte, una ventaja importante en lo que respecta a la cría de cachorros.

Alrededor de la mitad de las manadas del Mara tenían dos machos; 23%, tres, y 18%, cuatro. Estos porcentajes son similares a los hallazgos de Schaller en el Serengueti, donde dos machos era el número más común. En el Parque de Nairobi y en el del Lago Manyara, Tanzania, que son parques pequeños con una alta densidad de leones, en ocasiones bastan uno o dos machos para controlar dos o más manadas. De hecho, un solo macho, de nombre Cara Cortada, controlaba todo el Parque de Nairobi durante el estudio de tres años de Rudnai, apareándose con leonas de las cuatro manadas, tras haber desbancado al dueño anterior del territorio, también uno solo. En cambio, en el Serengueti y el Mara, es prácticamente imposible que un solo macho sea el líder de una manada por mucho tiempo. Hay demasiados grupos de machos compitiendo por la oportunidad de reclamar un territorio o hacerse de otro y, hasta el momento, ningún

león solitario ha logrado adueñarse del territorio de una manada en el Serengueti.

La toma de una manada por nuevos machos puede ser un episodio dramático, marcado por feroces peleas entre rivales. La llegada de la migración al Mara procedente del Serengueti en junio o julio a menudo anuncia problemas para los machos de manada, pues grupos de jóvenes nómadas siguen la ruta de las grandes manadas de cebras y ñus a fin de asegurarse suficiente alimento. En ocasiones los enconos se exacerban durante meses, con una coalición (o coaliciones) de machos nómadas deambulando por territorios ya ocupados, observando y escuchando, aguardando el momento oportuno mientras evalúan a la manada más vulnerable para intentarlo y quedarse con ella. Esto perturba a tal grado a los machos residentes que los hace huir sin dar pelea cuando son retados: en particular si son viejos o los recién llegados los superan en número o son demasiado poderosos para confrontarlos. Pero cuando el macho de una manada se ve acorralado o los contendientes son de su nivel, puede haber una reyerta.

Estas peleas suelen ser de noche. Por la mañana, los únicos indicios de la batalla son mechones de grueso pelo arrancado de las

melenas, sangre salpicada en el suelo o incluso un león muerto o gravemente herido, con los perpetradores tendidos a un lado. No es raro ver a los machos de una manada con cortaduras causadas por garras afiladas como navajas o profundas heridas a manera de punciones producto de los poderosos colmillos, aunque también pueden ser el resultado de riñas con otros miembros de la manada por comida o hembras en celo.

El dominio de las coaliciones más exitosas dura de dos a seis años. Ésas son las afortunadas; otras son desbancadas unos cuantos meses después de haber tomado el poder. Cuando vemos la torva mirada de un macho viejo, su magnífica melena ya un tanto estropeada, su cara surcada por cicatrices de incontables batallas, con los colmillos rotos e incisivos faltantes, cojeando sobre tres patas sanas, estamos ante un verdadero sobreviviente. Tres cuartas partes de los leones machos mueren de manera violenta: ya sea a manos de cazadores furtivos y cazadores de trofeos o derrotados en peleas con otros machos. El humano tiene razón en venerar el poder del león; sin duda son los reyes de los guerreros.

Manada del Pantano

Los DATOS y las cifras no hacen más que presentar el esqueleto en bruto de un animal. Para entender a los leones, hay que vivir con ellos, seguir cada uno de sus movimientos, día tras día, año tras año. Mitsuaki Iwago, uno de los mejores fotógrafos de vida salvaje del mundo, pasó más de un año y medio fotografiando a los leones del Serengueti y el cráter de Ngorongoro, y estaba en lo cierto cuando dijo: "Debes volverte el león". Iwago no tenía conocimientos de zoología y era, ante todo, un fotógrafo; sólo que daba la casualidad de que tomaba excelentes fotografías de la naturaleza. Pero al fundirse con el león, abrió una ventana a su mundo mucho más reveladora que el árido discurso de la ciencia. La sensación de vivir con la manada es lo que trata de captar *Diario de grandes felinos*, tanto desde la perspectiva del observador como de la del león.

Los leones del pantano son una de las manadas más conocidas del Mara y una de las razones para elegir este lugar como la base de nuestras filmaciones. El campamento de *Diario de grandes felinos* está oculto entre la sombra de árboles *Warburgia ugandensis* y antiguas higueras que contemplan el río Mara, más o menos a medio kilómetro al norte de Governor's Camp. El río forma la frontera occidental del territorio de los leones del pantano, un área de aproximadamente 50 km², y de vez en cuando los leones se pasean por el campamento como si nos recordaran que ésa también es su tierra. Los conductores de Governor's Camp siguen el diario acontecer de los leones de la Manada del Pantano: más que ningún otro, el león es el animal que deben ver los visitantes que van de safari. De modo que siempre tenemos garantizada mucha ayuda para rastrearlos.

La Manada del Pantano debe su nombre al pantano de Musiara, que se extiende un kilómetro o más hacia el sur desde el manantial donde nace al lado de Governor's Camp: una franja de juncias de un verde suntuoso y pasto alto frecuentada todo el año por elefantes, antílopes acuáticos y búfalos. Normalmente los leones sólo usan el pantano en la temporada seca, cuando los densos juncales atraen a las manadas errantes de ñus y cebras, que llegan

Grullas coronadas cuelligrises al amanecer. Hay más de 500 especies de aves en el Mara, y el pantano de Musiara es uno de los mejores sitios para encontrar garzas, cigüeñas, chorlitos, playeros y martines pescadores, por mencionar unos cuantos.

ahí a beber y comer. La mayor parte del resto del año, la Manada del Pantano se reúne a lo largo del *lugga* de Bila Shaka, al este del pantano. Ése es el corazón de su territorio, razón por la que los conductores se refieren en ocasiones a estos leones como los leones de Bila Shaka. Siempre ha sido uno de los lugares preferidos de las leonas para ocultar a sus crías pequeñas y generaciones de leones del pantano han nacido entre los arbustos de crotón que rodean el *lugga*. Bila Shaka significa "sin duda" en swahili.

Ésa es la seguridad que tienen los conductores de Governor's Camp de que encontrarán leones ahí.

En todos los años que llevamos de conocer a los leones del pantano, la manada ha tenido un promedio de cinco o seis leonas adultas —nunca menos de cuatro— y dos machos. Siempre que las hembras jóvenes han intentado quedarse como adultas —a menos de que haya una vacante debido a la muerte de una o más leonas—, ellas o sus parientas más viejas

Cicatriz, de la Manada del Pantano. Una melena grande vuelve a un macho más imponente y probablemente indica que posee buenos genes para un posible apareamiento.

presas para alimentar a tres o más machos adultos puede ser un factor que influye en esto, porque las manadas más pequeñas de hembras no suelen matar búfalos, la única presa que habita ahí lo bastante grande para alimentar a sus crías y a una coalición de varios machos.

Por años, los leones del pantano nos han brindado a Angie y a mí maravillosas oportunidades de observación de la caza,

Despeinado, el compañero de Cicatriz. No todos los machos desarrollan una buena melena, y Despeinado y Cicatriz no podían tener un aspecto más distinto.

de cacería y todos se sentían muy frustrados por la falta de acción. Para empeorar las cosas, la manada no tuvo cachorros pequeños para filmarlos sino hasta que la serie casi terminaba. Además de ser lindos, los cachorros aumentan la actividad social de la manada y siempre resulta divertido filmarlos. Por fortuna, yo también debía seguir a los leopardos, aparte de los leones, y pude pasar tiempo con Media Cola y su joven hija Sombra. Prefiero mil veces observar a un leopardo que no hace nada que a un león.

Habríamos tenido mucha acción si las cámaras hubieran estado ahí unos meses después. El caos estalló en el territorio de los leones del pantano cuando una coalición de machos nómadas trató de adueñarse de la manada. Aunque más viejos que sus rivales y ya no en sus mejores años, los leones del pantano estaban decididos a no ceder y defender su territorio. Los machos eran de fuerza equiparable y luego de varias escaramuzas, hubo una feroz pelea y los machos del pantano tuvieron que huir. Pero no fue el final de la historia. Una de las hembras de la manada acababa de parir y resultó gravemente herida cuando trató de defender a sus crías de los nuevos machos. A la larga, empezó a reinar cierto orden en la manada, los dos machos se aparearon con las leonas del pantano y nació una nueva generación de cachorros, aunque ninguno de ellos sobrevivió hasta la edad adulta.

Los dos nuevos machos de la manada, llamados Despeinado y Cicatriz, formaban una pareja singular. Su aspecto era muy distinto y casi con seguridad no eran parientes, probablemente eran nómadas que habían forjado una alianza de mutuo beneficio: en el Serengueti casi la mitad de estas parejas no están emparentadas. La unión de sus fuerzas dio a Cicatriz y a Despeinado el poder para ganar batallas a otras coaliciones de machos, y tuvieron una destacada actuación en la segunda serie de *Diario de grandes felinos*, filmada en el otoño de 1998. Ése fue el año del infausto ataque de los búfalos contra la Manada del Pantano, cuando una manada de búfalos pasó arrasando por los matorrales del *lugga* de Bila Shaka y mató a uno de los cachorros. Los búfalos son rápidos para tratar de intimidar a los

terminan exiliadas de una parte del territorio o de todo. Sin embargo, de una u otra manera el matriarcado se ha preservado, año con año. Sólo una vez, cuando empecé a observar a los leones del pantano en 1977, ha habido más de dos machos en esta manada. En aquel tiempo había tres: Brando, Cicatriz y Mkubwa (el grande). Unos años después, una coalición de cuatro nómadas jóvenes se adueñó al principio del área de Musiara y pronto se dividió en dos grupos de dos machos cada uno. Estos machos se volvieron los líderes de dos grupos distintos de hembras que vivían en Bila Shaka y el pantano, respectivamente, momento en el que en realidad había una Manada del Pantano y una Manada de Bila Shaka: la Manada del Pantano original se había dividido en dos. Esto parece subrayar el hecho de que cualquier área dada sólo puede mantener cierto número de leonas, y que las coaliciones más grandes de machos a la larga se dividen o dedican su energía a ganar derechos de reproducción con manadas de hembras más numerosas. La habilidad de matar suficientes

pero resultaron un tanto decepcionantes en la primera serie de *Diario de grandes felinos*. Ese año la migración se quedó en el territorio de los leones del pantano una semana tras otra, y con tantos ñus desplazándose por el *lugga* de Bila Shaka, los leones apenas tenían necesidad de moverse, se limitaban a acechar al borde del *lugga* y cazaban sobre todo de noche. En muchas ocasiones, los leones cobraban múltiples presas e invariablemente, cuando salíamos a buscarlos todas las mañanas, nos encontrábamos con que ya habían comido y se habían retirado a los matorrales de crotón; rara vez se movían durante el resto del día. El equipo de filmación, cuyo trabajo consistía en pasar todo el día, todos los días, con los leones del pantano batallaba para filmar una sola escena leones, los hostigan y embisten para obligarlos a abrirles paso. Esto hace menos probable que los leones los ataquen; además, ahuyentar a los depredadores permite a los búfalos seguir alimentándose en paz. Los leones suelen acatar esta convención de día, a menos que haya un búfalo enfermo o herido o una cría que puedan aislar de su manada —aunque incluso entonces los búfalos bien pueden responder a los mugidos de angustia del animal atacado corriendo en estampida para defenderlo—.

Es muy difícil para los leones defender a sus cachorros contra un grupo de búfalos decidido. Si corren con suerte, los cachorros tal vez logren guarecerse en un arbusto o, mejor aún, treparse en un árbol fuerte. A veces simplemente son demasiado pequeños para hacerlo.

Lo que más recuerdo de aquella batalla entre los leones del pantano y los búfalos es el ruido, y la impotencia de los leones para contener a los búfalos. Los gruñidos y rugidos de miedo y enojo de las leonas iban a la par

de los belicosos bufidos y resoplidos de los búfalos. Era espeluznante. El impacto de los pesados líderes de los búfalos cuando clavaban sus cuernos en el suelo, tratando de aniquilar a los aterrorizados cachorros aplastándolos, lo hacía a uno estremecerse hasta la médula por su poder y agresividad. Su técnica es de una simplicidad brutal: un golpe hacia abajo que luego sube como una pala seguido de una sacudida fulgurante de los cuernos, con lo que lanzan a su víctima por los aires o simplemente

*H*E PRESENCIADO *muchas interacciones entre leones y búfalos, y respeto profundamente el poder y la tenacidad de ambos. Ser víctima del ataque de un búfalo debe ser la peor pesadilla de cualquier habitante de los matorrales —¡aparte de caer en las fauces de un cocodrilo, ser aplastado por un elefante hembra en defensa de su cría o recibir una cornada de un rinoceronte negro!—. El problema con los búfalos estriba en que es poco probable que se limiten a pasarnos por encima, darnos por muertos y seguir a medio galope hacia el horizonte. No, un búfalo nos lanzará al aire, nos azotará contra el suelo, nos dará una cornada y nos pisoteará con sus pezuñas. Cualquiera que salga con vida de un ataque como éste es muy*

afortunado. La gente dice que en caso de ser perseguido por un búfalo es mejor acostarse en el suelo si no hay un árbol a la vista para trepar. No hay manera de correr más que ellos y quedarse en el suelo nos puede salvar de salir volando por los aires y luego azotar contra el suelo. Sin embargo, ¿será verdad?

Todo el año los búfalos viejos se mantienen en grupos de machos. Los machos subadultos y adultos en edad reproductiva forman manadas en la temporada seca, cuando no hay apareamientos.

Una de las leonas de las Planicies de los Topis saluda al macho más joven de la manada y solicita su atención, un comportamiento típico de una hembra en celo.

la pisotean. Fue un milagro que sólo muriera un cachorro y un testimonio de la valentía de las leonas cuando intentaron atraer a los búfalos para apartarlos de sus crías, en ocasiones a centímetros de ser sacudidas por las relucientes puntas negras de esos cuernos ganchudos. Muchos leones adultos mueren o resultan gravemente heridos en altercados con búfalos, y el beneficio de pertenecer a una manada quedó a la vista de todos nosotros.

Aquel día, la mayor sorpresa fue la manera tan distinta en que reaccionaron Cicatriz y Despeinado ante la amenaza a sus cachorros. Cicatriz era un león magnífico, de cuerpo robusto, con una espléndida melena de tono rojizo y pelo negro en el pecho, mientras que Despeinado, aunque era un animal grande, tenía una melena despeinada que toda su vida fue rala. Cuando los búfalos iniciaron su embestida, Despeinado se lanzó a la refriega, al principio con el mismo ímpetu que las leonas para defender a sus cachorros. Cicatriz no lo

hizo. Se replegó a la seguridad de los matorrales, rondando por las orillas, moviéndose sólo cuando se veía obligado por el feroz avance de los búfalos, encolerizados por el sonido y el olor de los leones. Era el clásico ejemplo de que la belleza no lo es todo. Me encantaría otorgarle a Cicatriz el beneficio de la duda y atribuir su comportamiento a su pesadez. Despeinado fue más rápido en sus movimientos, al igual que las leonas. Quizás era simplemente un riesgo demasiado grande que Cicatriz se enfrentara a los búfalos. Cualquiera que haya sido la razón, el hecho es que no intervino.

El incidente subrayó el hecho de que cada león es un individuo con un temperamento y carácter propios, y no en un sentido antropomórfico. La manera de describir a grandes rasgos cómo viven los leones no ha perdido vigencia, aunque debemos considerar el impacto que su medio ambiente puede tener en la alteración de su comportamiento. Gracias a la buena fortuna o a los buenos genes, algunos

leones son más grandes que sus compañeros o rivales, algunos son más rápidos, más valientes, más dispuestos a la lucha o a la huida, y algunos son mejores cazadores que otros. Hay leones gruñones e irritables, que prefieren estar solos que socializar mucho con sus compañeros de manada. Algunos son nerviosos e impulsivos, otros más tranquilos y lentos para agredir. Tampoco es una cuestión sólo de temperamento. El hecho de que la "belleza" puede marcar una diferencia sin duda ha quedado demostrado en el caso de los leones, a pesar de la indolencia de Cicatriz en aquella ocasión.

Siempre se ha dado por sentado que poseer una gran melena podría otorgar ventajas a los leones machos, además de la obvia protección que ofrece para reducir las heridas en la cabeza y la parte superior del cuerpo durante las peleas. Cuando los científicos pusieron esto a prueba en el Serengeti, descubrieron que los machos con melenas grandes y oscuras tenían más éxito que otros machos. Los machos tienden a "erguirse" cuando tratan de impresionar a un rival o cortejar a una hembra en celo, poniéndose de costado y dando vueltas más o menos como un cangrejo alrededor del objeto de sus alardes. Desde luego, una gran melena hace que un macho se vea más grande y más intimidante en estas circunstancias, ya sea visto de frente o de lado. Una melena oscura tiende a destacar aún más, pues añade una impresión de poder, hace a su dueño más visible a la distancia y da a los rivales jóvenes el claro mensaje de que se esfumen. El estudio mostró que las hembras suelen preferir aparearse con machos de melena grande, presumiblemente porque una melena grande es señal de buena salud y buenos genes. La melena de los machos sigue creciendo y puede oscurecerse a medida que envejecen, de modo que es un buen indicador para que una hembra distinga a un macho triunfador: uno que ha sobrevivido.

Ningún otro miembro de la familia de los felinos muestra un dimorfismo tan marcado entre machos y hembras, aunque en todas las especies de felinos los machos son más grandes que las hembras. La importancia de la melena tal vez se relacione con la incursión de los leones en campo abierto, donde un despliegue visual tan llamativo alcanza su mayor eficacia. Los leones pueden divisar a otro león a kilómetros de distancia y la capacidad de distinguir con facilidad a los machos de las hembras da a ambos sexos más tiempo para decidir su respuesta: quedarse, pelear, huir o aparearse.

La primera vez que una hembra entra en celo todavía no está lista para ovular. Para que eso ocurra, necesita aparearse. Ésta es una característica que comparten todos los miembros de la familia de los felinos, proceso llamado ovulación inducida. El pene de un felino macho está cubierto de espinas que van a contrapelo de la punta, y estas asperezas pueden tener alguna función para estimular la ovulación y tal vez sean la razón por la que las hembras a menudo reaccionan agresivamente cuando el macho las desmonta, se voltean a gruñirle y lanzarle zarpazos como si estuvieran adoloridas. Durante el apareamiento, en ocasiones el macho se inclina hacia adelante y atrapa con sus fauces la nuca de la hembra, lo que recuerda la manera en que una leona se agacha para recoger a una cría pequeña con la boca, inmovilizándola. Quizás este gesto pretende lograr un efecto similar en la hembra, apaciguándola y evitando que se mueva, aunque puede volverse y golpear al macho cuando éste termina. La ovulación inducida parece ser una adaptación a un modo de vida solitario, por lo que podría considerarse una desventaja para una especie social como la de los leones.

La mayoría de los felinos machos tienden a evitarse y viven en áreas amplias, de modo que en ocasiones un macho dueño de un territorio demora en rastrear a una hembra en celo dentro de su territorio o ella tarda en encontrarlo. Los machos hacen esto percibiendo el contenido hormonal en las marcas rociadas por las hembras y respondiendo a su llamado (las hembras de leopardo llaman y marcan con su olor con mayor frecuencia cuando están en celo y buscan activamente a un macho). El hecho de que la hembra no ovule sino hasta que ocurre el apareamiento sin duda funciona bien para los felinos solitarios. Esto da al dueño de un territorio no sólo tiempo para localizar a una hembra en celo, sino también la oportunidad de ahuyentar a cualquier otro macho que pudiera haberla hallado antes. Pero las leonas no marcan

su territorio rociando su olor en rocas o arbustos como lo hacen los leopardos, tanto machos como hembras (aunque en ocasiones veremos a leones de ambos sexos rascando el suelo con sus patas traseras mientras orinan, con lo que dejan un rastro visible y suponemos que oloroso, y luego van dejando su olor a su paso). Esta cercana asociación entre las leonas y los leones de una manada facilita que los machos vigilan de cerca la condición reproductiva de sus hembras.

Una hembra anuncia que está entrando en celo mediante una inquietud característica y su olor. Los machos investigan la situación

olfateando el suelo donde ha orinado una leona y luego levantando la cabeza y haciendo una mueca, frunciendo la nariz y el labio superior para exhibir sus enormes caninos, casi como si estuvieran gruñendo, pero sin emitir ningún sonido. Este fruncimiento del labio recibe el nombre de *flehmen* y es común verlo en antílopes, búfalos, cebras y jirafas; de hecho ocurre en la mayoría de los mamíferos excepto en los mamíferos marinos y los humanos. Los animales que presentan la reacción de *flehmen* tienen dos pequeños orificios en el paladar justo detrás de los dientes frontales, a veces se

Cicatriz muestra la reacción de *flehmen*. Esto es algo que hacen los machos cuando están investigando un olor interesante, en particular la orina de una hembra en celo.

El más grande de los dos machos de las Planicies de los Topis muestra un vivo interés por una de las hembras de la manada. Cuando un macho corteja a una hembra en celo, se mantiene lo más cerca posible de ella para evitar que se le aproxime algún otro macho.

alcanzan a ver cuando bosteza un león. Son las aperturas de un órgano olfativo conocido como órgano de Jacobson u órgano vomeronasal, que contiene abundantes células sensoriales cuya función es analizar las feromonas o moléculas del olor. Aparte de verificar si una hembra está en celo, los felinos tienen la reacción de *flehmen* siempre que se topan con un olor novedoso.

Cuando un macho nota que una hembra está lista para aparearse, la sigue y se mantiene lo más cerca que ella lo permite —literalmente a una distancia más o menos de un metro— para protegerla de sus compañeros machos. Por lo general, los otros machos de una coalición respetan la propiedad, aunque en el caso de miembros de un grupo con tendencia a viajar juntos puede desatarse una pelea la primera vez que encuentran a una hembra. Sin embargo, como las leonas a menudo entran en celo al mismo tiempo, en especial cuando nuevos machos han matado a sus cachorros, hay menos necesidad de pelear. Asimismo, no es raro que una hembra se aparee con más de un macho durante su ciclo de celo. Los compañeros de coalición tienden a mantenerse en las inmediaciones de la pareja que se aparea, aunque se aseguran de no acercarse demasiado e incitar una riña. El apareamiento puede durar hasta cinco o seis días, en los que la pareja

copula en promedio una vez cada 20 minutos. La frecuencia del apareamiento es tal que el primer macho puede perder el interés alrededor del cuarto día, luego de haber copulado cientos de veces, lo que le da a otro macho la oportunidad de aparearse con la misma hembra. Esto ayuda a evitar que haya demasiada competencia entre los machos de la manada, y si ninguno de ellos (si sólo hay dos) sabe quién concibió a los cachorros que nacieron, ambos dedicarán un empeño considerable a protegerlos, aunque al final es un solo macho el que suele engendrar a toda la camada.

Esta actitud podría parecer promiscua por parte de las hembras; no obstante, en algunas ocasiones éstas eligen con quién aparearse. Por lo general, no hay una jerarquía de dominio entre los machos de una coalición, a menos que haya una discrepancia importante en tamaño o edad. Si la hay, una hembra puede elegir aparearse con el macho más grande, el de mayor edad. De hecho, quizá no le quede más remedio si el macho más grande evita que el más joven se aproxime a ella. Si una leona no quiere aparearse con un macho, simplemente se puede echar y rechazarlo agresivamente cuando se le acerque. También puede hacer esto cuando empieza a entrar en celo, pero todavía no está lista para copular. Otra estrategia consiste en no

dejar de desplazarse hasta encontrar al macho que está buscando. Algunas veces se llega a ver a una hembra caminando o trotando un kilómetro tras otro, perseguida por un macho con el que no está dispuesta a aparearse, en busca de un macho de la manada en particular al que prefiere y al que solicita su atención. Esto puede provocar una pelea, pero como todos los leones están equipados con armas temibles, no vale la pena arriesgarse a sufrir una herida grave a menos que se trate de una gran recompensa; no se gana mucho hiriendo a un compañero y aliado de manada cuando pueden necesitarse hasta 1 500 cópulas para lograr un embarazo. En promedio, uno de cada cinco periodos de celo dan como resultado el nacimiento de cachorros, pero si la hembra no queda embarazada, vuelve a entrar en celo en alrededor de dos o tres semanas, de modo que la posibilidad de engendrar una nueva camada no es tan precaria como se podría pensar.

Si bien las coaliciones más grandes de machos tienen el mayor número de hijos sobrevivientes, parece que sólo unos cuantos machos —a veces uno solo— son los padres de la mayoría de los cachorros. Las coaliciones de cuatro o más machos siempre están integradas por parientes, de modo que aun si algunos de los machos tienen menos hijos, terminan ayudando a proteger a los cachorros emparentados con ellos. Sólo en coaliciones formadas por parejas de machos, como la de Despeinado y Cicatriz, los apareamientos suelen repartirse equitativamente con el paso del tiempo, un incentivo suficiente para que los no parientes cooperen en la ardua tarea de defender el territorio.

Rugir es una poderosa forma de comunicación para los leones, lo mismo que el olor. Aprenden a reconocer el sonido y el olor de cada uno de los miembros de su manada, así como el rugido y el olor de otros leones. Se trata de algo vital para las especies sociales. Un rugido puede oírse a 5 km o más, lo que les permite comunicarse a grandes distancias y les da mucho tiempo para dar una respuesta apropiada. Al lograr reconocer los sonidos de los compañeros de manada a lo lejos, el león puede mantener el contacto y reunirse con quienes quiera, ya sea la madre, las hermanas o los machos de la manada. Asimismo, está en una mejor posición para determinar dónde están los que no pertenecen a la manada y evitar toparse con ellos, o bien, desafiarlos si eso es lo que busca. Probablemente a esto se deba que los intrusos tiendan a guardar silencio. Los machos patrullan su territorio sobre todo de noche, rompiendo el silencio con una serie de impresionantes rugidos, con lo que proclaman sus derechos territoriales. Para probar la importancia y la función del rugido, unos investigadores que trabajaban en el Serengueti usaron rugidos de leones conocidos grabados en cintas y los reprodujeron para machos y hembras. Cuando reproducían los rugidos de machos de una manada vecina a un grupo de hembras, éstas se alejaban rápidamente, dejando que los machos de la manada investigaran. El que la manada estuviera en el corazón de su territorio —el área central— o en la periferia era uno de los factores que determinaba la respuesta de los leones. Si había más de un macho de la manada presente y estaban bien adentrados en su territorio, los machos siempre investigaban la grabación de los rugidos de sus vecinos.

Curiosamente, era imposible distinguir entre la respuesta de coaliciones de machos parientes de las de aquellas formadas por machos no emparentados como Despeinado y Cicatriz. Cuando se trata de defender su territorio, los compañeros no emparentados cooperan tanto como si fueran hermanos. Y los no emparentados no intentaron hacer trampa. Un macho se acercaba al origen de los rugidos de sus vecinos aun cuando su compañero estuviera ausente y no pudiera vigilar su respuesta. El lazo entre compañeros machos debe ser tan sólido como una roca, sean o no parientes. Esto se reitera constantemente en la forma en que los machos de la manada se saludan solícitamente y a menudo descansan juntos, prefiriendo su compañía a la de las hembras. Formar grupos con un vínculo estrecho es igualmente importante para machos y hembras, y también para el éxito de una manada en lo que respecta a la reproducción. Aunque confrontar a los machos vecinos pone naturalmente nerviosas a las hembras de una manada, en especial si tienen cachorros, cuando se encontraban en su área central respondían a los rugidos de hembras vecinas saliendo a retarlas. Aun así, algunas siempre se quedaban rezagadas, cerrando la marcha regularmente o reaccionando sólo cuando no corrían mucho peligro. Otras únicamente respondían a un desafío cuando no había más remedio. Los leones tienen la posibilidad de elegir, de socializar con quien quieran.

La imagen que la mayoría de la gente tiene de los leones está influida por las fotografías y pinturas de una manada: un grupo de leonas rodeadas por varios cachorritos y subadultos, con dos o tres machos adultos muy cerca de ellos, luciendo sus abundantes melenas y dominando el cuadro. En realidad, los machos y hembras adultos llevan vidas bastante distintas gran parte del tiempo, y no suelen acompañarse: los machos pueden estar lejos patrullando el territorio, mientras las hembras cazan o amamantan a sus cachorros. La vida en la manada es una red fluida de relaciones, con ciertos individuos que se vinculan entre sí más a menudo debido a la cercanía de su relación y las necesidades de sus crías. Desde luego, las leonas con crías pequeñas forman un grupo muy compacto, o guardería, dentro de la manada. La guardería crea su propia identidad: las madres lo hacen todo juntas, comparten la responsabilidad

Cuando los leones se aparean, muchas veces el macho se inclina hacia el frente y muerde el cuello de la hembra, lo que induce el mismo estado de pasividad que logra una madre cuando carga a una cría por el pescuezo.

de criar a los jóvenes, salen a cazar en grupo y montan una extraordinaria defensa contra los machos intrusos. Pero las leonas sólo "se ayudan" de esta manera cuando tienen cachorros propios: una madre no compartirá sus responsabilidades de cuidar a los cachorros ni siquiera con su hija adulta a menos que ésta tenga su propia camada al mismo tiempo.

Con bastante frecuencia, en especial en una manada grande, puede haber varias leonas con diferentes generaciones de cachorros —o sin ningún cachorro— que pueden formar subgrupos dentro de la manada por periodos de duración diversa. Aunque estos agrupamientos siguen siendo parte de la manada y reconociéndose así, pueden llevar vidas más o menos independientes con diferentes prioridades de acuerdo con la etapa de desarrollo de sus cachorros. Las leonas sin crías suelen mantenerse a distancia de cualquier guardería de la manada y pueden mostrar menor tolerancia con los cachorros pequeños, formar sus propios subgrupos con otras leonas de la manada que tampoco tienen crías y cazar por su cuenta, lo que probablemente les conviene: hay menos bocas que compitan por la comida y menos cachorros que estén

molestando. No obstante, los grupos e individuos se siguen reuniendo ocasionalmente con los otros miembros de la manada para socializar o comer si han cazado una presa grande, para luego dispersarse de nuevo.

Una leona con un embarazo muy avanzado se ve como un barril. No sólo parece como si se hubiera atiborrado de comida, sino que también muestra reveladores engrosamientos bajo la piel que cubre sus tetillas. A menudo se ve inquieta e incómoda al calor del día. Hacia el final del embarazo, se vuelve más reservada y empieza a aislarse de la manada mientras busca un lugar para parir. No es raro que una leona elija como guarida la zona donde ella nació, a veces el lugar exacto si sigue siendo miembro de su manada natal. Las leonas de la Manada del Pantano siempre han favorecido los matorrales de crotón que rodean el extremo sur del *lugga* de Bila Shaka, que brinda la combinación perfecta de buenos escondites y una amplia vista de las planicies circundantes. Sin embargo, en años recientes el impacto de los incendios de la temporada seca y la gran población de elefantes del Mara han destruido gran parte de la cobertura que esta zona solía ofrecer. Otros de los lugares favoritos para parir son las cuevas en

afloramientos rocosos, como las del Desfiladero de los Leopardos y a lo largo de la Colina de las Higueras, donde a veces se puede ver a la leopardo Sombra y su hija Safi, y que éstas abandonan sin tardanza cuando llegan leones a instalarse ahí. Los altos carrizales en el corazón de ciénagas como el pantano de Musiara también ofrecen un escondite seguro para una leona con pequeños que proteger.

A pesar del abultado vientre de su madre, los leones recién nacidos son diminutos, de orejas pequeñas, pelaje grueso y suave, y con los ojos bien cerrados. Apenas pesan más de 1.5 kg, menos de 1% del peso de su madre. Abren los ojos a más tardar en diez días y los dientes de leche les salen aproximadamente a las tres semanas, cuando ya caminan, aunque tal vez "se tambalean" sería una palabra más adecuada para describir sus movimientos. Al mes ya logran correr, si se le puede llamar así. La mayoría de las hembras paren de dos a cuatro cachorros, aunque se han registrado hasta nueve en cautiverio. Con sólo cuatro tetillas, cuatro cachorros son más que suficientes para cualquier leona, que pronto muestra señales de estar amamantando: pelo húmedo y apelmazado de color café alrededor de las tetillas. El corto

La Manada del Pantano a la espera de presas cerca del pantano de Musiara, con la escarpadura de Esoit Oloololo al fondo. Los numerosos termiteros ofrecen un puesto de observación elevado cuando la hierba está crecida.

periodo de gestación de alrededor de 110 días significa que, si una leona pare cuando las condiciones no son ideales y pierde sus cachorros, pronto puede volver a aparearse y gestar una nueva camada.

A menudo, una leona cazará por su cuenta, separada del resto de la manada, mientras sus cachorros sean pequeños, sin alejarse de donde los ha ocultado. Reaccionará agresivamente a cualquier otro depredador que pueda acercarse al lugar y, como puede dar testimonio cualquier cazador profesional, es casi seguro que una leona con cachorros ataque a un humano que vaya a pie. Los masáis, que habitualmente caminan por el territorio de los leones en la periferia de la reserva, se conducen con bastante más precaución ante hembras que tienen cachorros que ante los grandes machos.

Son muchos los peligros para los cachorros pequeños. Las mangostas grandes, las serpientes pitón, las águilas marciales, los chacales, las hienas y los leopardos son sólo unos cuantos de los depredadores que matan cachorros de leones y se los comen si los encuentran —y los leones nómadas representan un peligro tan grande como cualquier otro—. La única defensa de los cachorros consiste en mantenerse silenciosamente ocultos y no andar por ahí cuando se ausenta su madre. Si se les molesta, los cachorros emiten bufidos explosivos que podrían asustar e incluso disuadir a un depredador pequeño, pero no a uno decidido.

Para evitar que el olor se concentre, las leonas lamen la región anogenital de sus cachorros, estimulándolos a orinar o defecar en el momento justo para limpiarlos después. Cambian a sus cachorros de vez en cuando a un nuevo sitio, a veces a sólo unos metros de la guarida anterior. Puede ser necesario un traslado a mayor distancia si la leona se siente muy importunada, como cuando los pastores masáis llevan a su ganado a pastar en la zona, los visitantes se acercan demasiado en sus vehículos o bien hay depredadores o búfalos que representan una amenaza. Traslada a los cachorros uno por uno, cargándolos con la boca. El resto de la camada espera su turno, lo cual es mucho más seguro que tratar de seguir a la madre caminando. Si la hembra tropieza

Khali cargando a un cachorro de diez semanas (casi demasiado grande para que lo controle).

con problemas, al menos sólo tendrá que preocuparse por el cachorro que lleva en ese momento, y no perderá toda su camada. Una leona sorprendida por hienas en campo abierto con sus crías pequeñas, por ejemplo, bien podría encontrar difícil defenderlas. Al principio los cachorros tratarían de refugiarse bajo ella, pero los amedrentadores chillidos y chasquidos de un grupo de hienas fácilmente podrían hacerlos entrar en pánico y dispersarlos, lo que permitiría a las hienas atraparlos uno por uno.

Este periodo de aislamiento ayuda a la leona y a sus cachorros a forjar un estrecho vínculo antes de introducirlos en el rico medio social de la vida en la manada. Al pasar tiempo a solas, la madre y los cachorros se graban su olor y su voz. Esto es importante para asegurar que los cachorros sepan exactamente quién es su madre cuando se enfrenten al ajetreo y bullicio al principio confusos de formar parte de una masa de cachorros y adultos, en particular cuando hay comida en juego. Un llamado suave de tipo "augh" de la madre, repetido según sea necesario, incita a sus cachorros a permanecer cerca de ella.

Normalmente, los cachorros se integran a la

manada cuando tienen de seis a ocho semanas, pero a veces la madre los puede sacar antes u otros miembros de la manada pueden encontrar a la leona y sus crías y empezar a interactuar con ellas. Si varias leonas se embarazan más o menos al mismo tiempo, lo que suele suceder con las hermanas independientemente de que hayan o no perdido cachorros, entonces pueden parir en la misma área y se pueden visitar entre sí, aunque todavía mantengan a sus camadas separadas. En ocasiones, algunas madres llevan a sus crías muy pequeñas adonde se están reuniendo otras leonas, aunque se trata de algo no muy recomendable, en particular si hay cachorros más grandes que pueden ser demasiado bruscos con sus parientes más jóvenes. Las leonas pueden volverse muy agresivas cuando tienen cachorros pequeños: agachan las orejas, rugen y gruñen, enseñan sus enormes colmillos y embisten a cualquier león o leona (o vehículo) que trate de acercarse demasiado. Los leones aprenden desde muy jóvenes el significado preciso de los mensajes codificados en una amplia variedad y combinación de gestos faciales, lenguaje corporal y voz: amenaza y contraamenaza, agresión y sumisión, algo vital para mantener el orden entre animales que son muy capaces de causarse graves heridas.

Los machos de la manada plantean problemas especiales para las leonas con crías pequeñas. Para hacerse del control de una manada, los machos dan caza a los cachorros hijos de los anteriores dueños del territorio, pues una hembra tarda dos años en criar a sus cachorros hasta que se vuelven independientes, demasiado tiempo para que los nuevos machos esperen. A este respecto, en algún momento de su vida todos los machos de manada deben de haber matado cachorros como un rito de paso para apropiarse de un territorio, y más de la cuarta parte de todos los cachorros muere de esta manera. En consecuencia, es totalmente comprensible que una leona cuyas anteriores crías fueron víctimas de los nuevos leones de la manada se muestre cauta a la hora de permitir que esos mismos machos se acerquen a sus cachorros —hijos de ellos— hasta asegurarse de que sus intenciones no son amenazadoras.

Una táctica eficaz empleada por las leonas con cachorros pequeños cuando se aproxima un león —o si sus cachorros tratan de socializar con el león— consiste en levantarse rápidamente y bloquearle el camino, o empujarlo, lo que lo obliga a detenerse o hacerse a un lado. Esto hace que el macho entienda que debe tener cuidado al acercarse a los nuevos cachorros. Por lo general, los machos respetan esta convención y parecen interesados en evitar enfrentamientos con las leonas en estas circunstancias.

Las crías pequeñas muestran una mezcla de cautela y curiosidad cuando conocen a sus compañeros de manada. Están ansiosas por socializar, pero al inicio no están seguras de cómo serán recibidas. La madre, con su presencia, es el principal factor que determina el resultado de estas primeras tentativas de socialización, y su nivel de agresión decae paulatinamente a medida que sus cachorros ganan seguridad en sí mismos y pueden interactuar con los otros miembros de la manada sin riesgo de salir lastimados. Al cabo de más o menos una semana, los cachorros empiezan a retozar con otros cachorros más

grandes o a volverse unos traviesos y morderle la cola a los adultos.

Los cachorros pequeños se sienten particularmente intrigados por los machos de la manada: empujan con su cabeza la barbilla de éstos a manera de saludo y se extravían en sus gruesas melenas. Algunos machos demuestran una tolerancia increíble con las travesuras de sus retoños; otros son menos complacientes y les ponen un alto a los cachorros rechazándolos con una de sus enormes patas delanteras, gruñendo

para enseñarles sus colmillos, del grosor de un pulgar, o mordiéndolos pero no con suficiente fuerza para lastimarlos. No obstante, cuando las leonas tienen crías pequeñas, es notorio lo considerados que parecen los machos, a menudo haciendo de la guardería el núcleo de su sitio de descanso durante el día. Se trata de una precaución sensata, pues las crías son más vulnerables al infanticidio en sus primeros nueve meses de vida y se benefician mucho de la protección de los machos de la manada en ese periodo.

Los cachorros de doce semanas de la Manada del Pantano investigados por una pariente de dos años. Los cachorros suelen permanecer ocultos las primeras seis a ocho semanas antes de conocer a otros miembros de la manada.

Al ver a un grupo de leonas rodeadas por una bandada de cachorritos ansiosos por mamar, resulta difícil determinar quién es de quién. A veces los cachorros van de una leona a otra, aparentemente al azar, tratando de abrirse paso hacia una tetilla libre, buscando a alguna dispuesta a amamantarlos —madre, tía o abuela—, cualquier leona lactante lo hará. Podríamos preguntarnos qué es lo que sucede. Los gatos domésticos paren grandes camadas de gatitos, que rápidamente establecen un orden en las tetillas para mamar, reclamando cada uno su propia tetilla y, por lo general, manteniendo ese orden hasta el destete. Esto ocurre pocos días después del nacimiento; se piensa que cada gatito deja su olor en "su" tetilla, de modo que, después de pelear un poco al principio, simplemente se ocupan de alimentarse. Sin duda, esto resulta más cómodo para la madre que tener sus tetillas constantemente arañadas y rasgadas, y es la manera más eficiente para que los gatitos compartan la leche de su madre. Las crías de leopardo también adoptan un orden en las tetillas y parece probable que ésa sea la norma para todas las especies felinas solitarias. Pero no para los leones. Los cachorros de león tratarán de mamar cualquier tetilla libre, pertenezca o no a su madre.

El amamantamiento comunitario no es tan caprichoso como podría parecer. Las leonas sí reconocen a sus crías y, en general, son más tolerantes cuando se trata de amamantarlas a ellas. Si cachorros más grandes tratan de mamar

Uno de los cachorros de Khali, de diez semanas, masticando un arbusto
de crotón en el *lugga* de Bila Shaka. Los incisivos de leche de los cachorros
brotan a las tres semanas y los caninos, a las cuatro semanas.

El más joven de los machos de la Manada de la Colina con dos de los cachorros de la manada, de unos cuatro a cinco meses. Los leones suelen beber agua después de darse un festín con una presa.

infancia. Los machos jóvenes tendrán mayores probabilidades de éxito cuando llegue el momento de separarse de su manada natal si tienen muchos hermanos o primos de edad similar para irse con ellos. Al principio, esto les facilita en cierta medida la tarea de sobrevivir, pues les ofrece más oportunidades de matar una presa grande, como los búfalos, y mantener a raya a las hienas cuando consiguen una presa. Y, a medida que maduran y se vuelven unos poderosos adultos, cuanto mayor sea su coalición, más fácil les resultará hacerse de una manada y procrear muchos cachorros. Lo mismo se aplica a las hembras jóvenes forzadas a dejar su manada de origen. Cuantas más compañeras tengan, mayores serán las probabilidades de que puedan apropiarse de un territorio y defenderlo de otras hembras. Ganar o heredar un territorio lo es todo para los leones, sin importar su sexo.

de una leona que no es su madre, se arriesgan a sufrir un firme rechazo. La hembra puede empujarlos con la pata o gruñirles con la boca abierta para disuadirlos. Si realmente ya se hartó, lo único que tiene que hacer es rodarse al otro lado o levantarse, a menudo con crías aferradas desesperadamente a sus tetillas. Sin embargo, a veces es simplemente demasiado problema mantener alejado a un cachorro sin importar de quién sea; y si una hembra tiene pocas crías puede ser generosa con su leche y amamantar a otras. Es más probable que haga esto si las leonas de la guardería son parientes cercanos, y el mejor momento para que un cachorro se acerque a mamar es cuando la leona se queda dormida, en particular si no es su madre. Una leona necesita dormir.

Formar una guardería de cachorros de edad similar es la manera más eficiente para que una leona críe a sus hijos. Los cachorros nacidos más o menos al mismo tiempo serán de un tamaño similar cuando empiecen a comer carne de las seis a ocho semanas, aproximadamente. Si, como ocurre a menudo, sus madres cazan juntas, esto puede ayudar a reducir la competencia con leonas que tienen generaciones de cachorros de mayor edad dentro de la manada. Conseguir una parte de alimento cuando se ha cazado una presa puede ser difícil, y los cachorros más grandes tienden a aventajar a sus parientes más pequeños. Alrededor de 25% de los cachorros mueren por la sencilla razón de que no logran comer suficiente.

Las ventajas de formar parte de una guardería grande se extienden mucho más allá de la

Los cachorros de ocho a diez semanas de Khali maman cobijados en un matorral en el *lugga* de Bila Shaka. El destete ocurre cuando los cachorros cumplen alrededor de seis meses.

La toma de una manada

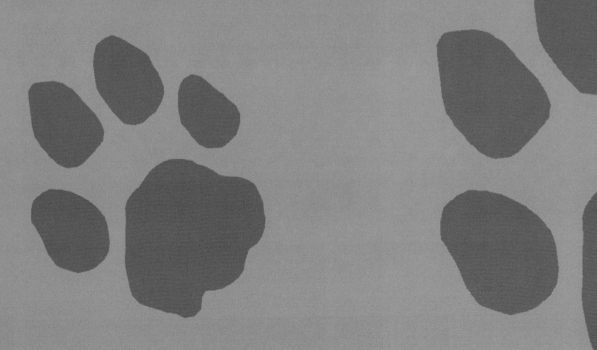

Las repercusiones de la toma de una manada pueden ser devastadoras para las leonas y sus cachorros. Se rompe el tejido social de la manada y puede llevar hasta dos años que se restablezca algo parecido a un orden. A veces esto nunca sucede, lo que ocasiona una división en la manada que se niega a sanar, en particular cuando hay más de una generación de cachorros, con madres que tratan de proteger camadas de diferentes edades. Las leonas deben echar mano de todo su conocimiento del territorio de la manada para garantizar la seguridad de sus cachorros. Su mejor defensa consiste en mantenerse en movimiento y resulta útil que varias hembras viajen juntas: hay más ojos y oídos para detectar el peligro y eludir un ataque. Si se acerca un macho extraño, independientemente de que tengan o no cachorros con ellas, es probable que las leonas tomen la iniciativa y se muestren agresivas y le gruñan al intruso, para ponerlo a la defensiva y hacer cuanto esté a su alcance para ahuyentarlo. Sin embargo, los machos no siempre se dan por vencidos fácilmente, en especial si perciben el

Una leona del Parque Serengueti se muestra amenazante con uno de tres machos, obligándolo a retroceder. Él se mantiene erguido y adopta la típica postura de lado, como cangrejo, de un león que trata de intimidar a un rival.

olor de cachorros y se percatan, por la hostilidad de las hembras, de que algo están ocultando. Aunque las leonas son mucho más pequeñas y menos fuertes que los machos adultos, son rápidas y ágiles. En grupo, constituyen una fuerza no menospreciable y pueden arreglárselas para mantener a raya a un macho el suficiente tiempo para que sus cachorros escapen y se oculten.

El más viejo de los machos de las Planicies de los Topis corteja a una hembra y trata de evitar que otros miembros de la manada se le acerquen. Ella lo amenaza con las fauces abiertas para disuadirlo de que haga daño a sus cachorros.

Los subadultos de ambos sexos representan una fuga de los recursos del territorio de la manada y una competencia para los cachorros que los nuevos machos logren procrear. De modo que a los nuevos machos les conviene ahuyentarlos. Como lo único que les interesa es acercarse a las hembras para reproducirse, es vital que persistan en seguir a las hembras adultas hasta que estén listas para aparearse. Tras matar a todos los cachorros pequeños y expulsar a los mayores, los machos ya están en condiciones de cortejar a las leonas adultas que queden en el territorio.

Con los años, los leones del pantano han sufrido su cuota de tomas de manada y trastornos sociales. No obstante, la extensión de su territorio se ha mantenido notablemente constante, gracias a la continuidad de las generaciones de hembras emparentadas, que adoptan el mismo esquema de propiedad de la tierra año tras año. Pero tienen otras preocupaciones además de la competencia con

los leones. El territorio de los leones del pantano se traslapa con las fronteras de la reserva, lo que los obliga a adaptarse al reto de vivir entre los masáis y su ganado. No hay bardas para impedir el paso de los animales o la gente. En los viejos tiempos, los masáis llevaban una existencia nómada, pautada por las lluvias, trasladándose con su ganado a cualquier lugar donde hubiera pasto corto y verde. Construían sus *enkangs*, o casas, con varas pegadas con estiércol de vaca, no había permanencia en sus vidas, no había posesiones que los anclaran a algún lugar. Cuando se querían ir, sólo construían otro *enkang* y abandonaban el viejo. Sin embargo, en épocas recientes, los vientos del cambio han empezado a transformar Masailand. Las viejas costumbres están desapareciendo: ahora son comunes los techos de aluminio y las casas con tejados de paja cónicos. Más gente y más ganado se hacinan en menos tierra y su modo de vida cada vez más sedentario es incompatible con los animales salvajes.

Los masáis nunca han aceptado que no deben introducir a su ganado en la reserva, en particular en los años de sequía, cuando cuesta hallar suficiente alimento para sus animales. La mera idea de fronteras y propiedad de la tierra es un concepto ajeno para ellos. Tradicionalmente, eran propietarios de ganado, no de tierra. La tierra es de todos. El hecho de que se espere que compartan la tierra más allá de las fronteras de la reserva con los animales salvajes y vivan en armonía con ellos parece una enorme ironía. En la temporada seca, cientos de miles de ñus y cebras invaden estos pastizales y la migración deja la tierra desnuda en cuestión de semanas. Los masáis piensan que es justo que, en reciprocidad, el gobierno les permita la entrada a la reserva en épocas duras, cuando escasean el agua y los buenos pastos para su ganado. Todos los guardas que patrullan la reserva son masáis de las comunidades circundantes, así que es natural que se muestren comprensivos ante las penurias de sus hermanos

Los pastores masáis y su ganado cerca del manantial que alimenta el pantano de Musiara. Aunque los masáis empiezan a adoptar un estilo de vida más sedentario, el ganado sigue siendo la base de su subsistencia.

Durante la filmación de la tercera serie de Diario de grandes felinos, *nos tocó ser testigos de cómo empezó a separarse la Manada del Pantano. De hecho, Angie y yo presenciamos el inicio del proceso seis meses antes del comienzo de la filmación, en septiembre de 2000. Los leones del pantano atravesaban una crisis, su territorio estaba sitiado por dos frentes y se veían obligados a tratar de protegerlo de las incursiones de los pastores masáis y a luchar con los machos de la manada vecina de las Planicies de los Topis. En los dos años anteriores, Kenia había sufrido los estragos de una de las peores sequías de que se guarde memoria. Los albores de un nuevo milenio anunciaban el inicio del tercer año de escasez de lluvia. Irónicamente, mientras que la mayoría de la vida se marchita y muere cuando hay sequía, los depredadores suelen prosperar. Luego de un ciclo de sequía y hambre, a menudo viene la enfermedad y para los leones, al menos, la vida es fácil. La mayoría de los depredadores —con la excepción del tímido guepardo— son carroñeros bien dispuestos y con tantos animales que mueren a su alrededor, no tienen tanta necesidad de matar ellos mismos. Los búfalos y los hipopótamos, dos de los herbívoros que más dependen del agua, fueron de los primeros en sucumbir.*

En la sequía de 1993, el Mara perdió 80% de sus búfalos, pues la población se redujo de cerca de 12 000 a 2 000 ejemplares. A medida que la sequía se recrudecía, los búfalos se veían obligados a dividirse en grupos cada vez más pequeños para encontrar suficiente agua y alimento. Con ello, se perdieron las ventajas que para la supervivencia supone formar parte de una manada y los leones del pantano aprovecharon al máximo la situación. Los búfalos necesitan beber agua todos los días, y los leones no hacían más que

Pastores masáis llevan a su ganado a abrevar cerca del lago Magadi, en el valle del Gran Rift, en la temporada seca. Hay alrededor de 350 000 masáis en Kenia y Tanzania.

esperarlos en las proximidades de los últimos charcos de agua, entre los arbustos de crotón que bordean el lugga *de Bila Shaka. Algunos búfalos estaban demasiado débiles para pelear y sus compañeros se mostraban reacios a contraatacar por miedo a convertirse ellos en víctimas; a veces se los comían vivos. Había tanta comida que los leones se podían dar el lujo de comer la carne suave alrededor de la cara del animal y abandonar el resto del cadáver, sobre todo con los ñus que pasaban por su territorio. Los ñus son de piel mucho más suave y más fáciles de abrir en comparación con el grueso cuero de un búfalo, que se debe roer.*

Los cachorros de la Manada del Pantano apenas tenían un año de edad en la sequía de 1993 y normalmente habrían evitado a adversarios tan fieros como los búfalos. Sin embargo, tuvieron oportunidad de practicar sus habilidades para la caza, saltándole a la espalda a un búfalo o tratando de darle una mordida mortal en la nariz o la boca. Estos jóvenes nunca olvidaron la experiencia que adquirieron en ese periodo y, ya adultos, demostraron su pericia para enfrentar incluso a búfalos fuertes y sanos. Habían superado sus temores y los habían remplazado por pericia. Por un tiempo, la "cultura" de la cacería del búfalo se volvió parte de la identidad de los leones del pantano.

Los leones de la pradera atacan a un búfalo. Los búfalos son de los primeros animales en sucumbir en una sequía, pues las manadas se dividen en grupos más pequeños para tratar de encontrar suficiente alimento, lo que los vuelve un blanco para las manadas de leones.

Los masáis celebran los días finales de la ceremonia de *eunoto*, que marca la transición de los jóvenes guerreros a adultos, después de lo cual se pueden casar y tener ganado.

y les sea difícil aplicar las reglas. No es de sorprender, entonces, que los pastores masáis lleven a su ganado a la reserva, haciendo caso omiso de los pilares de concreto que anuncian el límite que separa la tierra de los masáis de la tierra de los animales.

Hoy, un poblado masái permanente está encaramado en una colina desde donde se contempla el *lugga* de Bila Shaka a todo lo largo. En la temporada de lluvia, cuando se anega la zona que rodea el *lugga*, los leones del pantano se ven obligados a irse de la reserva y seguir a sus presas en tierras más altas. Por lo general, logran evitar entrar en conflicto con los masáis ocultándose en la espesa vegetación durante el día. Pero con el inicio de la temporada seca, los masáis empiezan a llevar su ganado a abrevar en el manantial que alimenta el pantano de Musiara, justo afuera de la reserva. Esto puede plantear un problema para los leones, que codician el pantano en la temporada seca, pues descansan en la lodosa frescura de los densos carrizales para emboscar a los ñus y las cebras que llegan ahí a beber agua. Casi siempre, los grandes felinos permanecen ocultos hasta que los masáis y su ganado se han ido, guiándose

por el tintineo de los cencerros y los silbidos aflautados de los pastores. Sin embargo, en el transcurso de los años se han presentado varios incidentes en los que los leones han atacado al ganado y los masáis los han matado en venganza. Aunque en ocasiones estos hechos han debilitado la integridad de la manada, nunca habían amenazado con destruirla, hasta ahora.

Cuando la sequía se agravó en 2002, cada vez más masáis de los alrededores entraron en el Mara. En nuestro campamento junto al río, oíamos el sonido de los cencerros cuando llevaban su ganado a la reserva de noche para evitar el acoso de las autoridades. A veces llegaba un vehículo del cuartel general y rodeaba a los pastores; entonces el ganado desaparecía. Pero nunca por mucho tiempo. Alrededor de mediodía, cuando la mayoría de los visitantes volvía a sus albergues a tomar una siesta, a menudo encontrábamos ganado pastando a lo largo del *lugga* de Bila Shaka, en lo profundo del territorio de los leones del pantano. Cuando nos acercábamos a los jóvenes pastores, éstos se ocultaban en los pastos altos. Algunos de los más pequeños incluso se escondían en madrigueras de jabalíes o se iban corriendo dejándonos admirados ante su condición física. Para los masáis, la elección es muy simple: el ganado significa todo, representa la medida de la riqueza de un hombre, la dote que debe pagar cuando toma otra esposa; es su posesión más preciada e incluso una res medio muerta de hambre sigue siendo de valor. Los jefes masáis locales nos dijeron que mucho del ganado no era de ahí. A pesar de las penosas condiciones en las que ellos mismos viven, se sienten en la obligación de compartir su tierra con sus hermanos en épocas tan duras. Era un argumento difícil de rebatir. Pero esos leones en particular —los leones del pantano— se habían vuelto animales de culto para los visitantes del norte del Mara y para nosotros eran como viejos amigos.

Por aquellos días, nos enteramos de que habían matado a Despeinado, el macho del pantano. Había empezado a aventurarse más hacia el norte y decían que estaba cortejando a una leona de un pequeño grupo conocido

como la Manada del Desfiladero, que habita el territorio donde está enclavado el Desfiladero de los Leopardos. Pero cuando Despeinado y la leona mataron una res, los masáis los siguieron hasta un denso matorral de crotones y los mataron atravesándolos con una lanza. Ningún pastor o dueño de ganado tolerará a un león que se roba sus animales, en particular si nadie les compensará por la pérdida. Para empeorar las cosas para los leones del pantano, en los siguientes meses dos de las leonas desaparecieron, casi con seguridad a consecuencia de un conflicto con los masáis, lo que redujo la manada a sólo tres hembras adultas.

Las ansias de conocer el mundo de Despeinado le costarían muy caro a su manada. El efecto fue como si hubieran entrado nuevos machos en el territorio de la Manada del Pantano y hubieran matado a uno de los machos de la manada. Sin embargo, ahora no era un grupo de jóvenes nómadas lo que amenazaba a los leones del pantano. Al este de Bila Shaka están las tierras de la Manada de las Planicies de los Topis, formada por más de 20 leones, entre ellos dos grandes machos de melena rubia. Es común ver a la manada apiñada alrededor de una presa que han cazado en las planicies o apretujada bajo la sombra de uno de los arbustos de gardenia en una zona conocida en lengua masái como Naiboisoit —el lugar de las piedras blancas—. Es un hermoso sitio al abrigo de la Colina del Rinoceronte, que ofrece una vista espectacular de las Planicies de los Topis que lo rodean, donde siempre se puede tener la certeza de encontrar grandes cantidades de topis, un antílope un poco más pequeño que un ñu y que se caracteriza por sus muslos de color ciruela. Las hienas manchadas tienen aquí sus guaridas todo el año y acostumbran cazar a los topis que se aparean en las planicies cada año.

En febrero y marzo los topis machos entran en celo, se hincan sobre sus patas delanteras y combaten con sus cuernos, midiéndose unos a otros y estableciendo un dominio. Cada macho triunfador marca un pequeño territorio y, cuando entran en celo, las hembras se aproximan al sitio de apareamiento o *lek*, como se les conoce a estos hacinados territorios, y seleccionan un macho. Muchas veces hemos visto a hienas salir de un baño de lodo a mediodía y pasearse tranquilamente por el *lek*, en busca de machos tendidos descansando, exhaustos por la ardua tarea de defender su territorio, lucirse y aparearse. Si el topi no se levanta, la hiena se apresura a pescar a su víctima por el hombro o el costado y se lo lleva. Antes de que el asustado animal intente siquiera ponerse en pie, la hiena desgarra la suave piel del vientre del topi y, en cuestión de segundos, suelen unírsele otras hienas. A veces, algunos leones de la Manada de las Planicies de los Topis se sienten atraídos por el escándalo de las hienas comiendo y vienen corriendo a robar la presa.

Envalentonados por la muerte de Despeinado, los machos de las Planicies de los Topis empezaron a aventurarse en el *lugga* de Bila Shaka, y pasaban cada vez más tiempo lejos

de sus hembras. No es del todo raro que los machos de una manada procedan así, en busca de oportunidades de aparearse con leonas de manadas vecinas, si logran dominar o ahuyentar a los machos residentes. Esto es algo que las coaliciones más grandes —con tres o cuatro machos— pueden hacer con mayor facilidad y una de las razones por las que procrean tantos cachorros. Y un solo macho para defender el territorio de la Manada del Pantano era una oportunidad que los machos de las Planicies de los Topis no podían desperdiciar. Ya habían sido padres de más de una docena de cachorros con las seis leonas de su manada, la mayoría de aproximadamente un año de edad, lo bastante grandes para acompañar a sus madres adonde fueran. Así que no había gran riesgo de que los mataran otros machos si ellos se ausentaban.

Conocimos a los machos de las Planicies de los Topis una mañana cuando enfilaban

con paso firme hacia el *lugga* de Bila Shaka, presintiendo por su actitud que buscaban pleito. Pudimos ver a una parte de la Manada del Pantano echada alrededor de un enorme termitero a orillas de una densa área de matorrales de crotón, uno de sus lugares favoritos para descansar. En el instante en que el más joven de los machos de las Planicies de los Topis divisó a los leones del pantano se dio la vuelta y trotó de regreso a la colina. El macho más viejo se detuvo, con su melena rubia abultada por la fresca brisa matutina. Parecía no preocuparle el rápido abandono de su compañero y continuó avanzando hacia el *lugga*. Esperamos a ver que ocurría. Ahí venía, con la nariz pegada al suelo, siguiendo el rastro oloroso dejado por los leones del pantano cuando se habían replegado a la seguridad del *lugga* más temprano aquella mañana, después de comer una presa cerca del territorio de la

Los machos de las Planicies de los Topis se abren paso hacia el *lugga* de Bila Shaka para armar lío.

LOS MACHOS rubios estaban en plena forma. Ya habían terminado de desarrollarse, aunque uno era de mayor edad y más grande que su compañero. Si estaban emparentados, probablemente eran de una madre distinta de la misma manada o bien, como Despeinado y Cicatriz, habían sido nómadas que unieron sus fuerzas para hacerse de un territorio. Los machos de las Planicies de los Topis no sólo tenían un aspecto diferente, también se comportaban de manera diferente. El macho más viejo y grande siempre tomaba la iniciativa para hacer una incursión en el territorio de los leones del pantano, mostrando la confianza de un león que ya lo ha hecho antes. Era el que quería seguir adelante cada vez que veía a uno de los leones del pantano en su hogar, mientras que el macho más joven se apresuraba a retroceder, mucho antes de que hubiera una amenaza de peligro. Esta diferencia de temperamento tal vez se debía simplemente al hecho de que el macho más joven era más pequeño y menos experimentado que su compañero. Pero como ya lo habíamos visto con Despeinado y Cicatriz, ser el león más grande no significa necesariamente que esté más dispuesto a correr riesgos o que sea más fuerte o agresivo. Resultó fascinante observar cómo, con el tiempo, el más joven creció hasta tener el mismo tamaño de su compañero y, con la ventaja de la juventud, empezó a darse su lugar e incluso a dominarlo si se trataba de una pelea por una hembra en celo. Pero eso tardaría un año en suceder.

Los machos de las Planicies de los Topis luego de una de varias tentativas de expulsar a Cicatriz de su territorio. Los machos cooperan al máximo cuando se trata de desafiar a otros machos y defender un territorio.

Manada de las Planicies de los Topis. Se condujo con mayor cautela cuando entró en los matorrales que cubrían la orilla del *lugga*. Ya sabía, por el olor, que Cicatriz no estaba con la manada.

Para entonces, los integrantes más jóvenes de la Manada del Pantano —los cachorros nacidos en 1998— estaban sentados, alertas. Eran los mismos cachorros que habían sobrevivido al ataque de los búfalos y habían padecido los rigores de una larga temporada de lluvias, en la que muchas veces escaseó el alimento. Sumaban 11 en total, con edades que oscilaban entre el año y el año y medio, lo suficientemente grandes para correr a fin de salvar su vida si era necesario. No querían verse envueltos en una pelea con un macho grande, sin duda, no con un macho de otra manada y, desde luego, no si ellos mismos eran jóvenes machos, lo que ocurría en cuatro casos.

Las leonas sintieron que algo andaba mal. Tal vez fue la actitud alerta de los leones más jóvenes, tal vez el olor del miedo o un murmullo apenas audible. Una oleada de tensión recorrió a toda la manada, lo que hizo que se pusieran de pie. Narigona —madre de tres de los cachorros más jóvenes— corrió con la cabeza gacha hacia el macho, con las fauces abiertas, bufando y gruñendo. El macho se detuvo y se irguió hasta alcanzar su altura máxima para tratar de intimidarla; por un momento, pareció que no iba a ceder y se disponía a pelear. Pero vio que una segunda leona se acercaba a toda velocidad, ante lo cual dio media vuelta y se fue saltando a través de los crotones, perseguido por las dos hembras. Algunas de las leonas más jóvenes de la manada imitaron a las adultas, mientras que los cuatro machos jóvenes mostraron prudencia y se quedaron observando a una distancia segura. Satisfechas, las leonas se detuvieron sin dejar de mirar al macho rubio, que trotaba de vuelta a la colina para reunirse con su compañero más joven.

A partir de aquel día, Narigona abandonó el *lugga* de Bila Shaka y se mudó con sus cachorros al pantano. Pronto hicieron lo mismo los ocho cachorros más grandes. Ésa era la ubicación más al oeste a la que podía llegar la Manada del

Pantano sin cruzar el río, pues si hacían esto corrían el riesgo de una confrontación con la Manada de Kichwa Tembo. Al menos ahí, entre los densos carrizales y el alto pasto, podían encontrar un refugio y alejarse de los machos de las Planicies de los Topis. Narigona se volvió el centro y líder de este grupo de jóvenes leones del pantano, que no tardaban en responder a sus movimientos: la seguían adondequiera que fuera. Los leones jóvenes aún dependían de la manada para conseguir alimento y gozar de protección, y en ese momento la única manada que tenían era Narigona. Incluso a los dos años de edad, los leones siguen siendo bastante torpes como cazadores y vulnerables a los ataques de extraños, aunque es menos probable que perezcan. De modo que era un grupo un tanto atemorizado y nervioso de la Manada del Pantano que los visitantes veían todas las mañanas cuando emprendían sus recorridos.

En las siguientes semanas, los machos de las Planicies de los Topis hicieron repetidas incursiones en el territorio de la Manada del Pantano, rastreando los movimientos de sus miembros por sus rugidos y su olor. A veces encontraban a Cicatriz, aún aferrado a su dominio. Pese a su gran tamaño, Cicatriz tomaba la precaución de mantener su distancia siempre que aparecían los dos machos. Estando solo, no podía darse el lujo de resistir y pelear. En vez de ello, apresuraba el paso y en ocasiones se volvía, muy erguido, desde una distancia adecuadamente segura, para mostrar su magnífica melena rojiza y el pelo negro de su pecho, y rugir desafiante. Ver al solitario macho de la manada sólo servía para incitar a los dos intrusos a perseverar en sus esfuerzos: se le acercaban trotando, dirigiéndole una dura mirada con sus ojos ámbar y las fauces abiertas en señal de agresión. La presencia continua del viejo macho era como una molesta herida. No descansarían hasta desterrarlo.

Los machos de las Planicies de los Topis empezaron a centrar su atención en las otras dos hembras adultas de la Manada del Pantano. A una de ellas la llamamos Khali —la enfadada—porque, si bien de naturaleza amable, era siempre la primera en reaccionar en caso de problemas. Khali se había apareado con Cicatriz y Despeinado poco antes de que mataran a este último, y había parido cinco cachorros. No era raro que hubiera elegido los arbustos de crotón del *lugga* de Bila Shaka, donde ella había nacido, como lugar para parir.

En otras circunstancias, eso habría sido lo más sensato, al fin y al cabo, era el lugar favorito de toda la manada para descansar cuando andaban por ahí y brindaba la seguridad de estar en un grupo grande si de repente aparecían machos extraños. Pero la Manada del Pantano estaba en grave riesgo desde la pérdida de Despeinado y las otras dos leonas. Una manada de sólo tres leonas siempre luchará para mantener un buen territorio en un lugar como el Mara, donde hay tantos leones. Sin embargo, por el momento ni siquiera había tres, pues Narigona desempeñaba un papel aparte como matriarca del grupo de once leones jóvenes de la Manada del Pantano. Para Khali, la situación no podía ser peor, no

Cicatriz con los cachorros de Khali. Por lo general, los machos interactúan con las leonas y los cachorros sólo cuando se ha cazado una presa o la hembra está en celo.

había otras hembras con cachorros jóvenes para formar una guardería y ayudar a defender a los cachorros contra los machos de las Planicies de los Topis y la otra leona de la manada estaba desapareciendo del mapa.

A pesar de las incursiones regulares de los machos de las Planicies de los Topis, Cicatriz estaba decidido a conservar su territorio mientras pudiera. Ya había demostrado en varias ocasiones que no era el más valiente de los leones. Podría parecer que estas fallas de carácter representan una desventaja para la supervivencia, pero si se tienen compañeros para cubrirse, entonces quizá no importe. Ya había logrado engendrar cachorros propios que pronto estarían en edad de independizarse, así que desde ese punto de vista había tenido una vida exitosa. Por lo que respecta a los 11 leones jóvenes del pantano, aún les faltaba experiencia, pero gozaban del beneficio de formar parte de una manada más grande. No obstante, con sólo una leona adulta para acompañarlos, en ocasiones batallaban para alejar a las hienas cuando conseguían una presa.

Cada vez que Cicatriz tenía hambre, se encaminaba al pantano y se aprovechaba de las presas cazadas por Narigona y los miembros más jóvenes de la manada. Pero la mayor parte del tiempo buscaba a Khali y sus cachorros (o ella lo encontraba) entre los matorrales de crotón del *lugga* de Bila Shaka. El viejo macho parecía disfrutar la compañía de una integrante de la manada y era muy tolerante con los pequeños cachorros cuando éstos demandaban su atención. Parece poco probable que un león "sepa" cuáles son sus cachorros dentro de una manada, pero había buenas probabilidades de que los cachorros de Khali fueran de Cicatriz, por lo que su comportamiento tal vez era una tentativa de brindar cierta protección a sus retoños. Por su parte, parecía que a Khali le gustaba solicitar la atención del macho solitario, aunque siempre existía el riesgo de que esto hiciera más probable que los machos de las Planicies de los Topis la hallaran junto con sus cachorros en sus intentos de ubicar a Cicatriz y ahuyentarlo.

Los machos adultos adoptan diferentes estrategias para tratar de proteger a su prole,

dependiendo de qué tan poblada sea la vegetación de su hábitat y el tipo de presas disponibles. En el ambiente más abierto de las planicies del Mara y el Serengueti, los machos pasan más tiempo con la manada, en particular cuando hay cachorros jóvenes. Ésta parecería ser la mejor manera de proteger a sus hijos cuando son más vulnerables. En las planicies es más fácil para los miembros de la manada detectar el movimiento de otros leones. Si llegan machos extraños y tratan de rastrear si hay cachorros, los machos de la manada los divisan a lo lejos y se movilizan para interceptarlos; aunque no los detecten de inmediato, están cerca para defender a los cachorros si es necesario. Con los años, en varias ocasiones hemos visto a las leonas del pantano obligar a machos nómadas a abandonar su territorio antes de que dañen a sus cachorros cuando los machos de la manada no están presentes. Pero la persistencia de los machos en su intento de matar cachorros, y su gran fuerza, hace que muchas veces las hembras no logren salvar a sus crías de una muerte prematura. Por consiguiente, parece lógico que los machos de la manada concentren sus esfuerzos en mantenerse cerca de la hembra dentro del área central de su territorio cuando hay cachorros jóvenes por proteger. No obstante, hay otras maneras de conseguir el mismo resultado.

En Sudáfrica, algunos investigadores han descubierto que los leones machos que viven en áreas boscosas pasan menos tiempo con las hembras y los cachorros que los machos que viven en hábitats más abiertos. En la zona boscosa de la sabana de Kruger, los machos dedican más tiempo a patrullar las fronteras de su territorio (de tamaño similar a las del Mara y el Serengueti), y a marcar con su olor y rugir como la manera más eficaz de desalentar a los rivales de invadir su territorio, en vez de mantenerse cerca de sus crías. Al hacer recorridos más extensos, los machos tienen mayores probabilidades de hacerse de otra manada de hembras y procrear más cachorros. Sin embargo, para que los machos puedan aventurarse a mayores distancias, deben poder obtener suficiente alimento, ya sea cazando ellos mismos o buscando carroña.

Sin lugar a dudas, en el Kruger no sea aplica que las leonas siempre se ocupen de la caza y los machos no hagan más que darse un festín con el fruto del esfuerzo de sus compañeras de manada. Aunque los machos no están bien equipados para cazar a las especies más veloces, como el ñu y la cebra, que persiguen las hembras, los que habitan en áreas boscosas de la sabana, donde moran grandes poblaciones de búfalos, consiguen la mayor parte de su comida cazando ellos mismos. Para matar un

La Manada de las Planicies de los Topis. Los cachorros practican sus habilidades para la caza retozando, acechando, persiguiendo, saltando y mordiendo.

búfalo se requiere fuerza y cooperación más que habilidad para el acecho: coaliciones de machos de manada y, en particular, grupos de machos nómadas cazan y matan búfalos con frecuencia. También cazan impalas, otra especie que habita en las zonas boscosas de la sabana. Esto lo he visto incluso en un hábitat muy abierto como el Mara, cuando un macho grande sorprendió a un impala no muy alerta luego

de una breve persecución y ataque. Cuando los machos dependen menos de las hembras para el alimento, los cachorros también resultan beneficiados indirectamente, pues hay menos competencia para comer una presa (aunque esto se atenúa por el hecho de que en ocasiones los machos dejan que los cachorros coman y alejan a las hembras).

En el Mara y el Serengueti, aunque a veces

los machos cazan por sí solos —por lo general, búfalos—, es raro que necesiten hacerlo; la disponibilidad de presas es tal que las hembras pueden conseguir suficiente comida para toda la manada (no obstante, los machos nómadas muchas veces también se las arreglan solos para cazar), lo que les permite mantenerse juntos más tiempo. Tal vez también influye la presencia de una gran población de hienas en estas zonas de la sabana. En hábitats más abiertos, es más fácil para todos los depredadores darse cuenta cuando se ha cazado una presa y encontrarla. La presencia de machos de la manada en estos casos contribuye a disuadir a las hienas, más numerosas, de robarles y, de este modo, aseguran que haya más comida para sus crías. Dado que la mayoría de los leones africanos viven en zonas boscosas de la sabana con una densa población de búfalos e impalas, y no en ambientes de planicie abierta, parece probable que los machos cacen más a menudo de lo que solía pensarse. De nuevo, esto ilustra la considerable flexibilidad del comportamiento de los leones, motivada por su necesidad de adaptarse a diferentes ambientes y presas.

Esta flexibilidad se refleja en la conducta de los leones asiáticos, muy similares a los leones africanos salvo por su menor tamaño, el pliegue de piel que tienen a lo largo del vientre (lo que sólo se ve ocasionalmente en los leones africanos, sobre todo en los machos) y la melena menos abundante de los machos, quizá porque no es tan necesario ser visible a la distancia en coberturas más espesas. Los leones asiáticos tienden a formar grupos menores que sus congéneres africanos, probablemente porque cazan presas más pequeñas como el ciervo axis, que pesa alrededor de 50 kg. Las coaliciones de machos defienden un territorio de 100 a 140 km², lo que puede incluir más de una manada de hembras (los territorios de las hembras son de alrededor de la mitad del tamaño). En la densa cobertura de la selva de Gir de la India, los machos logran acechar a sus presas y cazar solos; también son los principales responsables de los ataques al ganado, un blanco fácil para cualquier león. Por ello, los machos pasan gran parte del tiempo solos, patrullando su territorio y buscando más oportunidades de aparearse. Por lo general, acompañan a las hembras únicamente cuando ellas están en celo o han cazado una presa grande, no porque tengan crías pequeñas.

Sin embargo, cualquiera que sea su estrategia de defensa del territorio o sus oportunidades de apareamiento, esto sólo da resultado cuando hay una fuerte coalición para llevarlo a cabo. Para Cicatriz, las opciones eran ya limitadas. Sin un compañero para ayudarlo a cazar búfalos, podría incluso pasar aprietos para encontrar suficiente comida. A esas alturas de su vida, era improbable que forjara una alianza con un nómada que lo apoyara en su empeño de conservar el territorio de los leones del pantano, aunque a veces llega a ocurrir. Pero aferrándose al lugar, Cicatriz al menos conseguía suficiente comida para sobrevivir con sus compañeras de manada.

Los otros miembros de la Manada del Pantano regresaban ocasionalmente al *lugga* de Bila Shaka y se sumaban a Khali y sus cachorros, o viceversa. Cuando lo hacían era como si nunca se hubieran separado. El sentido de pertenencia a la manada seguía intacto. Para entonces, las crías de Khali estaban bastante acostumbradas a toda la atención que recibían de los cachorros más grandes, dos de los cuales eran su hermano y hermana mayores. Estos hermanos tenían un año y medio cuando Khali quedó embarazada de su última camada, y resultaba interesante observar la manera tan distinta en la que ella respondía a sus hijos mayores ahora que tenía nuevos cachorros por los cuales velar. Quedaba de manifiesto la importancia del sistema de manada, que continuaba alimentado a estos leones que aún no terminaban de crecer aun cuando su madre se ocupaba de una nueva generación. Todavía podían seguir comiendo de las presas cazadas por cualquier miembro de la manada, si eran lo suficientemente grandes. Si bien la hija mayor de Khali a menudo buscaba la compañía de los leones de su edad en el pantano, cuando trataba de evitar conflictos con los machos de las Planicies de los Topis, si se topaba con su madre se mantenía cerca de ella, la saludaba y era saludada, y le prestaba mucha atención a sus hermanitos. Sin embargo, cada vez que el hijo adolescente de Khali se acercaba a sus cachorros más pequeños, su madre reaccionaba agresivamente con él, amenazándolo con las fauces abiertas, gruñéndole y obligándolo a retroceder. Esta desconfianza hacia los machos por parte de las leonas con crías pequeñas, aunque se trate de sus propios hijos, era muy evidente. Curiosamente, Khali era mucho menos agresiva con los cachorros machos que tenían poco más de un año de edad, uno de los cuales se volvió el favorito de las diminutas crías y pasaba mucho tiempo con ellas.

A todos les encanta observar y fotografiar a una hembra con cachorros pequeños, Angie y yo no somos la excepción. Los leones del pantano están tan acostumbrados a los vehículos que actúan como si no hubiera nadie. A veces encontrábamos a Khali trasladando a sus cachorros uno por uno, llevándolos en la boca, sin alejarse del *lugga*. Incluso cuando los cachorros ya podían caminar y correr a su lado, a veces se detenía, recogía a alguno y avanzaba cargándolo en la boca mientras el resto de la camada, lloriqueando, la seguía al paso que ella marcaba. Sin embargo, cuando cumplieron ocho semanas, los cachorros se escabullían si se agachaba para levantarlos, y pronto dejó de intentarlo.

Los cachorros de león enfrentan muchos peligros, más allá del infanticidio y la amenaza de otros depredadores. En 1998 filmamos la muerte de un cachorro atacado por unos búfalos y cómo su madre se lo comía después. Debatimos sobre los pros y los contras de mostrar este incidente. Todos pensamos que debíamos mostrarlo, aunque sin hacer que pareciera algo gratuito. Tomado fuera de contexto, una madre que engulle a su cría podría parecer un hecho macabro; no obstante, para una leona era lo más natural hacer algo así. Tras presenciar un incidente de este tipo, George Schaller comentó que al menos la leona podía recuperar en una pequeña medida lo que había invertido en la vida de su cachorro. Él fue testigo de un infanticidio cuando una nueva coalición de machos halló tres crías ocultas bajo un árbol caído y las mataron a todas. Se llevaron a dos de los cachorros muertos y dejaron uno de los cadáveres. Schaller aguardó el regreso de la madre. "Llegó al anochecer. No estaba seguro de lo que debía esperar, sin duda no una desbordante expresión de dolor, pero quizás algún sentimiento. En vez de ello, se comió al cachorro y mientras estuve ahí sentado en medio de la oscuridad oyéndola mascar los huesos de su hijo, no pude sino concluir que es difícil para el ser humano retornar en la imaginación a la simplicidad de la perspectiva de un león."

DE TODAS LAS PRESAS de los leones, los búfalos son los que tienen mayores probabilidades de lastimarlos, incluso cuando los leones no estén interesados en cazarlos: algo que no debe sorprendernos si consideramos la importancia que tienen los búfalos como presa para muchas manadas. En esta ocasión, un pequeño grupo de búfalos machos sorprendió a Khali cuando amamantaba a sus cachorros a cielo abierto al borde del lugga *de Bila Shaka. Cicatriz y algunos de los cachorros de generaciones anteriores, entre ellos, los hijos mayores de Khali, yacían amontonados al lado de la madre y las crías. En cuanto los búfalos descubrieron a los leones avanzaron estruendosamente hacia ellos, con la nariz apuntando a lo alto, gruñendo, decididos a deshacerse de la manada. Cicatriz y los cachorros más grandes se dispersaron, dejando a Khali abandonada a su suerte —en circunstancias como ésta cada león ve por su propia vida.*

Las crías intentaron seguir al resto de la manada, pero la hierba alta los volvía lentos en sus esfuerzos por llegar al lugga*. Khali se volvió para enfrentar a los búfalos, intentando valientemente desviar la atronadora embestida del búfalo líder, tratando de alejarlo para dar a sus cachorros tiempo de escapar. Pero los búfalos eran demasiado listos para picar ese anzuelo. Podían oler a las crías en el pasto alto, escuchar su patético llanto de angustia. El búfalo líder dio media vuelta y clavó las puntas de su cornamenta en el suelo, después con una sacudida de sus enormes cuernos lanzó a una cría por los aires, desgarrándola por un costado y matándola de inmediato. Hubo un momento en el que Khali estaba casi nariz con nariz con los búfalos, con lo que los distrajo lo suficiente para que los otros tres cachorros lograran escapar en medio del caos y se ocultaran en los matorrales de crotón hasta que el peligro hubiera pasado. Cuando los búfalos ya se habían ido, Khali recogió el cadáver de su cachorro y se lo llevó en la boca a los arbustos. Angie ya tenía bien identificados a cada uno de los cachorros y sabía que ése era el más pequeño de la camada. Khali lo estuvo lamiendo un buen rato, emitiendo el suave sonido "augh" que usan las leonas cuando tratan de atraer la atención de sus cachorros y quieren que vayan a su lado o las sigan. Luego se lo comió.*

Khali estuvo a punto de ser cornada por un búfalo, cuando defendía valientemente a sus cachorros. Mientras tanto, Cicatriz se mantenía a una distancia segura entre los matorrales. Menos de 20% de los cachorros llegan a la edad adulta; el resto perece por hambre, abandono, infanticidio, los depredadores o incidentes como éste.

Aunque tres de los cachorros de Khali lograron escapar, el cuarto fue lanzado por los aires y recibió una herida mortal, cornado en el pecho.

Khali se lleva a su cachorro muerto al *lugga* de Bila Shaka, donde, luego de lamerlo un rato, se lo comió, una reacción no inesperada en un carnívoro.

Cicatriz, Khali, su hija de dos años (dormida) y los cachorritos descansando
a la orilla del *lugga* de Bila Shaka, momentos antes de que la manada fuera
atacada por unos búfalos.

Ahora los machos de las Planicies de los
Topis sistemáticamente daban caza a Khali
y los cachorros que le quedaban. Angie y yo
esperamos con ella una mañana cuando los
machos volvieron a subir a la colina que separa
las Planicies de los Topis del territorio de los
leones del pantano. Cicatriz ya había visto que
los machos se aproximaban y había cruzado
el *lugga* de Bila Shaka. Se quedó parado y
rugió. ¿Esperaba que Despeinado acudiera en
su rescate, como lo había hecho tantas veces
antes, o que el resto de la manada se apareciera
y lo ayudara a repeler a los invasores? Khali no
tenía más opción que quedarse cerca de sus
crías, que seguían retozando al borde del *lugga*
mientras ella miraba a lo lejos, sin apartar la
vista de los machos. Llegó un momento en que
empezó a acercarse a ellos, enseñándoles los

dientes y bufándoles, gesto de defensa usado
por los leones cuando enfrentan una amenaza
que no pueden combatir fácilmente con una
agresión directa. Por la reacción de su madre,
las crías se percataron de que algo andaba mal
y se escondieron en la primera madriguera
de jabalí que encontraron. Cuando tuvo la
certeza de que no había peligro, Khali llamó
a los cachorros, se dio la vuelta y se dirigió al
pantano, deteniéndose ocasionalmente para
mirar de reojo a los machos. Por suerte, el pasto
estaba lo suficientemente largo para ocultar a los
cachorros.

En aquella ocasión, ni siquiera pudimos tener
la seguridad de que los machos hubieran visto
a Khali. Estaban decididos a seguir a Cicatriz y
ahuyentarlo de nuevo. Vimos a éste correr por
su vida, apenas manteniéndose adelante de

los dos machos rubios que lo perseguían por
las planicies abiertas al norte hasta que había
rebasado con creces los límites de su territorio.
Hubo un momento en el que el macho más
grande se acercó a Cicatriz, alcanzándolo con las
garras para darle un zarpazo en la espalda. Pero
Cicatriz no dejó de correr, dejando un rastro
de orina que delataba su miedo. Satisfechos
por el momento, los machos se dieron media
vuelta y regresaron apresuradamente al *lugga*.
Aunque no hubieran visto a Khali, no tardaron
en percibir su olor. Merodearon por los altos
carrizos que crecían en el *lugga*, donde en los
últimos días había escondido a sus crías en
un hueco lodoso. Los machos olfateaban y
curvaban los labios en una reacción de *flehmen*,
examinando el olor. Sin duda deben haber
reconocido el olor de los cachorros, que no

tenían el olor de su manada y a los que matarían si los encontraban. Pero esta vez Khali había logrado escapar.

A la postre, los machos deben haberse encontrado con Khali. Cuando la volvimos a ver unos meses después, los cachorros habían desaparecido y se estaba apareando con el mayor de los machos de las Planicies de los Topis, mientras que su compañera de manada hacía lo propio con el macho más joven. Y, así, el antiquísimo ciclo de renovación continuaba, con una coalición de machos reemplazada por otra. Khali tenía la oportunidad de criar una nueva camada. Era menos importante quién fuera el padre de sus cachorros que quién podía protegerlos mejor.

Cicatriz enfrentaba ahora un futuro incierto. Probablemente tenía unos nueve o diez años, y podría sobrevivir un tiempo más si se mantenía cerca de sus parientes más jóvenes en el pantano. De lo contrario, se vería forzado al exilio, a vagar entre los matorrales de acacias al norte de la reserva, donde mataron a Despeinado, donde sería difícil que evitara un destino similar. Para un león hambriento, la tentación de matar ganado era muy real y Cicatriz, con su espléndida melena rojiza, representaría un bonito trofeo para un grupo de jóvenes guerreros.

En la vida de un león abundan los encuentros de vida o muerte. Las tomas de manada por nuevos machos y la matanza de cachorros, las guerras con los búfalos y las hienas pueden parecer hechos muy dramáticos e inusuales para el observador humano, no obstante, son una parte normal de la existencia de un león. Estoy seguro de que a mucha gente le incomoda que no podamos intervenir cuando las cosas no están saliendo bien para las estrellas de *Diario de grandes felinos*. Pero la naturaleza tiene sus propios equilibrios y el carácter único de los sitios salvajes depende de la no interferencia de la gente. Los depredadores y las presas han evolucionado a lo largo de millones de años, cada uno afinándose en el proceso: el depredador sublime en sus habilidades para la caza, y la presa una imagen de perfección cuando corre y salta para evitar ser comida. Los leones matan a las crías de búfalo y los búfalos matan a las crías de león. Sólo volviéndose grandes, fuertes y agresivos, los búfalos pueden igualar el poder colectivo de una manada de leones. Y sólo volviéndose sociables y cooperativos, los leones pueden matar presas del tamaño de un búfalo. Así son las cosas en la naturaleza.

Khali con sus cachorros la mañana en que los machos de las Planicies de los Topis se aparecieron en el *lugga* de Bila Shaka. Una leona solitaria no puede hacer gran cosa para proteger a sus crías de un infanticidio, una de las razones por las que formar parte de una guardería y criar a los cachorros en comuna resulta tan ventajoso.

Las Hermanas del Pantano

Si bien se piensa que los leones modernos adoptaron un modo de vida social en épocas relativamente recientes, no fueron los primeros grandes felinos en hacerlo. Se tiene casi la certeza de que algunas especies extintas de felinos formaban grupos. El león de América del Norte, *Panthera leo atrox*, probablemente cazaba al bisonte adulto de esta manera y los felinos dientes de sable como el *Smilodon* y el *Homotherium* —ambos del tamaño de un león— se habrían beneficiado de unir sus fuerzas para cazar mamuts jóvenes y bisontes.

Los modernos parientes solitarios del león —el tigre, el jaguar y el leopardo— tienden a vivir en ambientes más boscosos o selvas, que permiten que un solo felino al acecho se acerque a su presa y favorecen una existencia en esencia solitaria, en la que los adultos sólo se reúnen básicamente para aparearse. Como estos felinos son capaces de doblegar solos a su presa —y no acostumbran cazar animales tan grandes como los que cazan los leones—, no tienen necesidad de formar grupos, y evitar el contacto entre sí los ayuda a reducir la competencia por el espacio vital. Si demasiados individuos cazaran en la misma zona, las presas se perturbarían y se volvería más difícil para cualquier felino ser un buen cazador. En estas circunstancias, un sistema solitario de propiedad de la tierra funciona mejor.

En cambio, los leones se encuentran a menudo en terrenos abiertos cubiertos de pastos y uno que otro árbol, en las zonas boscosas de la sabana o en las regiones semiáridas, donde abundan las presas grandes (aunque dispersas) a menudo agrupadas en manadas, lo que exige que los depredadores mantengan territorios grandes. La cooperación en la caza y la cría parecería la estrategia más eficiente para la vida de los leones y, entre los carnívoros en general, las especies que cazan en grupos son las más sociables, como el lobo, el perro salvaje y la hiena. La expectativa de vida de los individuos de cualquiera de estas especies se reduce mucho si se ven forzados a vivir por cuenta propia, y lo mismo se aplica a los leones.

¿Pero qué tan diferentes son los leones de otros miembros del género *Panthera*? Si nos asomamos bajo su pelaje característico, sólo un

La hembra de leopardo Media Cola. Los leopardos son los más adaptables de la familia de los felinos y los más numerosos de los grandes felinos del mundo.

experto podría distinguir a un león de un tigre; sus esqueletos son muy similares en tamaño y apariencia, aunque se les puede identificar por el cráneo. Vistos en la naturaleza, los leones parecen tener una mayor alzada que los tigres y el cuello más corto; en realidad, la forma y la postura del león se asemejan más a los del otro felino habitante de las planicies: el guepardo. Los expertos creen que el ancestro del león vivía en las selvas y probablemente presentaba marcas similares a las del jaguar y el leopardo, y que su desplazamiento a un hábitat más abierto es relativamente reciente. De hecho, el pelaje de las crías de león pequeñas muestra manchas y anillos, lo que nos da una idea de su ancestro moteado. Estas marcas se desvanecen conforme los cachorros van creciendo, aunque algunos leones adultos las mantienen a los lados del vientre y en el borde de las patas.

Las investigaciones sobre la habilidad para

Cachorros de león (de casi un año de edad) bebiendo en el lago Lagarja, en la frontera sur del Serengueti. Los leones jóvenes tienen manchas y anillos en su pelaje, lo que hace pensar en un ancestro que habitaba la selva, parecido al leopardo.

rugir de los grandes felinos también destacan la estrecha relación entre los leones, los leopardos y los jaguares. No hay más que escuchar el llamado de contacto de un leopardo, una serie repetida de tos áspera, para reconocer elementos del magnífico rugido del león cuando se va apagando hasta reducirse a una serie de gruñidos. Los tigres hacen un sonido muy diferente: rugidos individuales repetidos de vez en cuando, pero no en la secuencia bien definida característica de los leones y los leopardos.

Por supuesto, el color y el diseño del pelaje parecen servir a las diferentes especies de felinos para fundirse con su entorno y aumentar su capacidad de evitar que los detecten sus presas y sus enemigos. Pero ésa no puede ser la única razón. En las zonas donde los hay, como en el Parque Nacional de Aberdare, en Kenia, los leopardos negros o melánicos se mimetizan con la luz del sol y las sombras de las selvas con la misma facilidad que los ejemplares manchados

más comunes. Y los tigres y los leopardos coexisten (aunque no de manera amistosa, pues los tigres matan leopardos cuando pueden) en las selvas de la India, pese a tener marcas muy distintas en el pelaje. George Schaller nos ha dado una explicación persuasiva al respecto: las marcas ayudan a los individuos de una misma especie a reconocerse a la distancia. Además de aminorar el riesgo de conflicto, esto ayuda a reducir la probabilidad de hibridación en las zonas en las que se traslapan las especies, como en las regiones de la India donde hay leones, tigres y leopardos. Esta teoría se sustenta en el hecho de que los grandes felinos con marcas similares, como leones y pumas, o jaguares y leopardos, no coexisten.

Aunque los leones, los leopardos y los tigres son hostiles entre sí en su convivencia en la naturaleza, las diferencias en comportamiento del sociable león y sus solitarios parientes tal vez sean más reales que aparentes, y pueden

Sombra, la hija de Media Cola. Las hembras de leopardo pasan gran parte de su vida adulta ya sea embarazadas o en compañía de uno a tres cachorros.

Los leones rugen sobre todo de noche y se les puede oír a 5 km de distancia o más;
el rugido de los machos es más profundo y sonoro que el de las hembras.

ofrecer pistas sobre cómo adquirieron los leones un comportamiento social. Desde luego, los leopardos y los tigres no son tan estrictamente antisociales como implicaría la palabra "solitario", y las hembras de estos felinos pasan buena parte de su vida en compañía de cachorros que dependen de ellas y con quienes socializan en diversos grados hasta que se han desarrollado casi por completo. Aunque las hembras y los machos adultos de leopardo tienden a evitarse la mayor parte del tiempo, los machos se mueven por su territorio regularmente y llegan a conocer a diferentes hembras en su zona, buscando el olor fresco depositado en las rocas y los matorrales, y aprendiendo a reconocer el llamado individual y el olor de cada hembra que vive ahí. En ocasiones, los machos sí se reúnen con una hembra y sus cachorros, y —como sucede con los tigres— se les ha visto interactuar amigablemente con jóvenes cachorros que han engendrado. Es incierta la frecuencia de estos encuentros, pues a menudo ocurren de noche. Quizás el leopardo se sienta atraído por el olor de la hembra cuando ésta tiene crías pequeñas, y a veces los machos se aparean con hembras mucho antes de que la generación anterior de cachorros se haya independizado. Probablemente estos encuentros estimulan un sentido de propiedad en el macho —el sentido de tener "sus hembras" y "sus cachorros"— y puede fomentar su empeño de proteger la zona.

A veces los leopardos se llegan a encontrar frente a frente cerca de una presa —como los tigres hembras y machos— y, si se presenta la oportunidad, un macho comerá de una presa cazada por una hembra, o viceversa, pero nunca comen juntos; y, por otra parte, los leopardos cazan sobre todo presas más pequeñas que ellos, e incluso el sociable león se muestra reacio a compartir presas pequeñas con sus compañeros de manada. El hecho de que las hembras jóvenes de leopardo normalmente traten de quedarse en el lugar en el que nacieron y compartan parte del hogar de su madre (aunque evitándose entre sí) también reviste importancia, y es un comportamiento en cierto modo similar al que adoptan las leonas jóvenes cuando se ven obligadas a abandonar su manada natal, pero deciden quedarse en la periferia de su territorio. De manera que las divisiones entre una existencia solitaria y una social no son tan tajantes como podrían parecer, lo que supone un grado de flexibilidad en el comportamiento de los leopardos y tigres con la posibilidad, en diferentes circunstancias, de seguir evolucionando.

Sin duda, cuando las selvas empezaron a abrirse hace millones de años surgió la oportunidad de que evolucionara un gran felino adaptado para cazar la gran variedad de presas encontradas en hábitats más abiertos. Cualquier león que quiera derribar a un animal tan grande como un búfalo o una jirafa adultos necesita ayuda, aunque una leona que caza por su cuenta no dudará en atacar a un animal del tamaño de un ñu o una cebra adultos, y a menudo lo hace con éxito. Pero es demasiada comida para un solo león.

Cualesquiera que hayan sido los factores que dieron forma a la sociedad de los leones, las hienas manchadas deben haber influido de alguna forma. Cada vez que los leones cazan una presa grande, es probable que atraigan a curiosos indeseables. Si hay hienas en los alrededores —y con toda seguridad las habrá en sitios como el Mara y el Serengueti—, no pasará mucho tiempo antes de que una leona se vea forzada a abandonar su presa, a menos que forme parte de una manada y otros leones estén cerca para ayudarla a mantener a las hienas a distancia. Estudios realizados en Botswana demuestran que los grupos pequeños de leonas y las manadas sin machos con frecuencia batallan para defender sus presas de los grandes clanes de hienas. Por lo general, el equilibrio de fuerzas es de una leona por cada cuatro hienas, de modo que las leonas de un pequeño grupo se pueden ver fácilmente rebasadas en número en zonas muy pobladas por hienas. Pero más importante aún, siempre que hubo machos presentes —aunque fuera sólo uno— rara vez las hienas podían alejar a los leones de su presa antes de que quedaran satisfechos y dejaran sólo la piel y los huesos para que las hienas dieran cuenta de ellos con sus poderosas quijadas.

Sólo podemos suponer cuál era la apariencia del león ancestral: quizás una criatura similar a un lince, que llevaba una vida solitaria en el campo más o menos abierto. Al tolerar a sus hijas adultas —probablemente a regañadientes al principio—, la hembra de la especie tal vez abrió la puerta a un modo de vida más social, en el que ella y sus parientas unían sus recursos para defender a sus cachorros y proteger las piezas grandes de alimento de las hienas.

Esto, a su vez, habría inducido a los machos a que formaran grupos, y a los jóvenes machos emparentados a permanecer juntos luego de abandonar su manada natal. Una vez que había dado inicio este proceso, habría sido ventajoso para los leones formar grupos grandes para contrarrestar la tendencia de los vecinos a tratar de controlar la mayor extensión posible de territorio.

Cuando empecé a observar a los leones del Mara, tuve la impresión de que mientras todos los machos jóvenes eran obligados a irse de su manada natal, sus hermanas y sus primas permanecían ahí. Sin embargo, luego de años de seguir a la Manada del Pantano, descubrí que no siempre era así. Una leona pare cachorros cada dos años si la camada anterior ha sobrevivido, y continúa reproduciéndose la mayor parte de su vida. En estas circunstancias, ya hay una dotación completa de leonas cuando madura la siguiente generación de hembras jóvenes, en cuyo caso éstas son expulsadas. El hecho de que cada dos o tres años lleguen nuevos machos y desbanquen a los machos residentes incide en este proceso, pues además de matar a todos los cachorros pequeños, los machos también expulsan a todos los subadultos —y no sólo a los machos jóvenes—. Las hembras subadultas todavía no están listas para aparearse y competirían por el alimento con los cachorros que pudieran engendrar los nuevos machos. De la noche a la mañana, a estas jóvenes hembras se les niega toda la seguridad de la que han disfrutado como miembros de una manada y, a menos que corran con la suerte de formar parte de un grupo numeroso de exiliados, es posible que pasen apuros para sobrevivir.

Las hembras a veces logran establecer territorios propios fuera de su territorio natal. Dependiendo de la fuerza del grupo, incluso pueden llegar a desplazar a sus parientas más viejas y obligarlas a hacer su vida en un hábitat menos favorable. A lo largo de los años, hemos observado a varios grupos de jóvenes leonas del pantano resistir tenazmente los esfuerzos de sus parientas mayores de expulsarlas, e incluso intentar criar a sus cachorros en el *lugga* de Bila Shaka, cerca de donde ellas nacieron. Sin embargo, normalmente llega un momento en

Una leona sola tiene menos éxito que un grupo al cazar cebras, pues la potente coz de una cebra puede romperle la mandíbula. Si esto sucede, una leona que no tiene compañeros de manada que compartan su comida con ella puede morir de hambre.

La presencia de los machos de la manada junto a una presa cazada hace casi imposible que las hienas, cualquiera que sea su número, roben el cadáver.

el que la presencia de demasiados leones en un espacio pequeño se vuelve intolerable, y ya sea los jóvenes o sus parientes mayores se retiran del área central. De hecho, más o menos al año de que llegué a vivir en el Mara, el grupo de cuatro leonas adultas del pantano que había visto amamantar a sus cachorros en Bila Shaka se vieron obligadas a ceder terreno ante cinco jóvenes hembras exiliadas de la manada cuando tenían tres años. Tras vagar durante un tiempo en la periferia de su antiguo hogar y tener varios pleitos con otros grupos de leones, estas hembras forzaron un enfrentamiento con sus parientas, que culminó con una ruidosa pelea cerca del pantano. A partir de entonces fue a las cinco hembras más jóvenes a las que encontrábamos patrullando el pantano o descansando tranquilamente entre los matorrales de crotón del *lugga* de Bila Shaka, mientras que las leonas maduras se veían nerviosas y acosadas cada vez que las encontrábamos. Poco después, la más vieja de ellas había desaparecido y, con el tiempo, la manada perecería por falta de miembros,

aunque quedó un elemento de continuidad, pues la zona seguía ocupada por un grupo de hembras descendientes de la Manada del Pantano original.

Los grupos pequeños de leonas rara vez

logran llegar a ser dueñas de un territorio bien definido, aunque pueden sobrevivir por años solas o en parejas y tríos. Estas hembras llevan una vida de refugiadas entre las manadas establecidas, viéndose constantemente forzadas

Las hienas tienen unos molares increíblemente fuertes, con los que pueden morder el hueso del muslo de una cebra para comerse hasta la médula.

Las leonas de la Gran Manada acicalándose. La manada más numerosa registrada en el Mara contaba con 48 leones, aunque el promedio es de poco más de 20.

de los terrenos anegados como el pantano de Musiara. Pero Roja y Renguita no podían darse el lujo de ponerse exigentes y a menudo las veíamos merodeando a orillas del bosque ribereño que rodeaba el pantano, cerca del campamento de *Diario de grandes felinos*, cazando antílopes acuáticos, jabalíes y, cuando los había, algún impala.

Para nuestra sorpresa, quizá, siempre que nos encontrábamos a las Hermanas del Pantano, se

a emprender el camino, tratando de evitar lo más posible peleas interminables por la comida y el espacio vital. A veces muestran señales de heridas serias y en la vital carrera de la reproducción están en gran desventaja. La vida sin miembros suficientes en una manada representa un *impasse* genético y es raro que una manada prospere si no cuenta al menos con tres hembras adultas.

Las Hermanas del Pantano formaban un grupo de ese tipo, integrado por dos leonas conocidas como Roja y Renguita, nacidas de diferentes madres en la Manada del Pantano hacía unos diez años. Roja era una bella leona, grande y de un pelaje oscuro entre rojizo y marrón. Tenía la cabeza ancha, la quijada cuadrada y una apariencia un tanto fiera, que nos recordaba a su madre Marrón, la cual, en sus tiempos, siempre era la primera en atacar a los intrusos que llegaban al territorio de los leones del pantano. Roja era una de nuestras favoritas, más grande y robusta que Renguita, la que era de pelo más claro.

Cuando Roja y Renguita tenían alrededor de dos años y medio no había espacio en la Manada del Pantano para que se quedaran, no había vacantes por muertes ni otras parientas

de edad similar para reforzar su número cuando llegó el momento de partir. Fue la llegada de nuevos machos a la manada lo que las hizo marcharse. Demasiado jóvenes para aparearse con los machos, pero lo suficientemente grandes para alejarse del peligro, Roja y Renguita se vieron obligadas a distanciarse de sus parientas mayores. Para agravar su situación, Renguita tenía la desventaja de una pata trasera atrofiada, lo que la hacía rezagarse más o menos un metro en las persecuciones en comparación con Roja. Pero aun con sus tres patas buenas, Renguita lograba conseguirse comida a menudo y en épocas difíciles siempre existía la posibilidad de que Roja cobrara una presa grande para las dos.

Como otras generaciones de leonas jóvenes antes que ellas, Roja y Renguita estaban decididas a sobrevivir cerca de la zona donde habían nacido. Ése era el lugar que mejor conocían. La mayor parte del tiempo evitaban meterse en problemas manteniéndose atentas a los rugidos de sus parientes y trasladándose cuando era necesario. Era como un juego de escondidillas. En la temporada de lluvias, la Manada del Pantano invariablemente se iba a las tierras altas al norte del *lugga* de Bila Shaka, donde encontraba topis y cebras que huían veían en buena forma y sanas, si bien un tanto acosadas; y sin duda conseguían suficiente comida la mayor parte del tiempo. La temporada seca era su mejor momento, cuando cientos de miles de ñus y cebras invadían el Mara procedentes del Serengueti, y la caza era fácil para todos los leones. Pero las Hermanas del Pantano estaban destinadas a una vida mucho más difícil cuando alcanzaran la edad reproductiva. Aunque en ocasiones se ve a leonas jóvenes apareándose a los tres años, rara vez conciben sino hasta alrededor de los cuatro. Y cuando una leona se embaraza por primera vez, no es extraño que pierda a sus crías: como todos los felinos, los leones parecen beneficiarse de la experiencia. Son muchos los peligros por evitar y a veces una leona elige un mal lugar para parir; cierta vez, una joven hembra parió a su primer cachorro en el camino principal hacia Governor's Camp.

Cada vez que Roja o Renguita entraban en celo, los leones del pantano o grupos de nómadas las rastreaban y se apareaban con ellas. Más de una vez fuimos testigos de cómo las hostigaban las hembras de la Manada del Pantano cuando estaban en celo. Una pareja que se está apareando se vuelve bastante localizable por sus movimientos, y esto en ocasiones supuso problemas para las Hermanas del Pantano cuando se acercaban las otras hembras. Por fortuna para Roja y Renguita, la presencia

Un impala macho a la orilla del pantano de Musiara al amanecer. En la temporada de lluvias, muchas veces el pantano está cubierto de neblina al clarear el día.

agresiva del macho de la manada solía evitar que las leonas del pantano las atacaran, aunque lo intentaban. Cuando un macho está custodiando a una hembra en celo, no suele permitir que otro león o leona se le aproxime a la hembra, sin importar de dónde sea ella. Sin embargo, una vez concluido el apareamiento, los machos siguen su camino, en vez de quedarse y defender a las leonas y a sus futuros descendientes. Un grupo de sólo dos hembras, como Roja y Renguita, nunca pareció suficiente para motivar a los machos serles leales, al menos no en el Mara. Los machos siempre estaban a la caza de nuevas y mejores oportunidades de aparearse con grupos más grandes de hembras.

Tal vez el hecho de que las Hermanas del Pantano no pudieran permanecer todo el año en un solo lugar les dificultó más atraer machos residentes. Tenían un territorio, si se le puede llamar así, en el sentido de que podían atacar y ahuyentar a cualquier hembra joven que intentara entrar en el pantano, pero era más transitorio que permanente. Cada vez que la Manada del Pantano quería usar la zona, Roja y Renguita debían ceder. Su vida era un carrusel de embarazos, partos y lucha por criar a sus cachorros. Inevitablemente, nuevos machos encontraban y mataban a sus crías, o éstas simplemente no podían mantener el paso y todo el ciclo se iniciaba de nuevo. Rara vez llegamos a ver a las hembras con camadas grandes y, cuando fue así, sólo pudimos ser testigos impotentes de cómo iban desapareciendo los cachorros uno a uno. No había permanencia en la vida de las Hermanas del Pantano.

Al observar a Roja y Renguita en su lucha por reproducirse, nos preguntábamos por qué nunca adoptaron la estrategia de algunos machos nómadas y forjaron una alianza con no parientas para crear un grupo lo suficientemente numeroso para ocupar un territorio bien definido. Craig Packer, que en los últimos 20 años ha encabezado el Proyecto León del Serengueti, lo plantea de la siguiente manera: "¿Por qué la disyuntiva entre asociarse sólo con la familia o con nadie? No hay una reina que obligue a la esterilidad a sus parientas subordinadas, como en el caso de las termitas o las ratas topo desnudas".

De hecho, sólo se tienen registrados dos casos en los que leonas solitarias se han unido con hembras no emparentadas para formar manadas permanentes en el Serengueti, y en ambos casos se han visto forzadas a abandonar

Antílopes acuáticos *defassa*. Se dice que a los leones no les gusta la carne de los antílopes acuáticos, pero no dudan en cazarlos cuando tienen hambre.

su hábitat original, debido a una sequía severa o a la perturbación de los humanos. Dicho de otra forma, se necesita mucho para obligar a un felino a abandonar una zona con la que se ha familiarizado, marcada con su olor y el de sus parientes, y a la que ven y sienten como su hogar. Los leones maduran lentamente y cuando han alcanzado su máximo crecimiento, conocen al dedillo su territorio natal. Una buena región de leones tendrá muchos leones adultos que compiten por los territorios y que están listos para reaccionar de manera agresiva ante los leones jóvenes que intenten establecerse. Es probable que las leonas jóvenes que buscan un nuevo hábitat sean más toleradas por sus parientes que por otras manadas de leones —al menos hasta que llega el momento de aparearse— y éste es un poderoso incentivo para mantenerse cerca de casa. Como señala Packer: "Permitir que los niños acampen en el patio de atrás no les garantiza un inicio exitoso en la vida, pero les da un refugio seguro hasta que la casa del vecino se pone a la venta".

Al principio, pensábamos que tal vez, sólo tal vez, Roja y Renguita lograrían un día reincorporarse a la Manada del Pantano. ¿Sería posible que reconocieran su parentesco y las aceptaran de vuelta cuando las leonas más viejas murieran o las mataran? Sin embargo, cuando se producen divisiones entre las hembras de una manada, casi siempre son permanentes. Los leones parecen tener una mala memoria y muchas veces he pensando que el olor resulta tan importante como el reconocimiento visual —si no es que más— para identificar quién pertenece a la manada. Cuando una leona regresa adonde están descansando otros miembros de su manada después de ausentarse porque salió a dar un paseo, sus compañeros la pueden acechar de manera muy amenazadora, como si no estuvieran seguros de quién es. Sólo cuando ya está muy cerca y muestra seguridad en sí misma por su actitud y comportamiento, reconociendo que ése también es su lugar, la tensión se evapora de repente para tornarse en una bienvenida y un saludo juguetones: las leonas se frotan la cabeza entre sí y se huelen debajo de la cola para verificar quién es quién.

Los leones cuentan con una buena dotación

Roja, una de las Hermanas del Pantano, cargando un cachorro de unas dos o tres semanas. Las leonas cambian de lugar con frecuencia a sus cachorros en las primeras semanas.

de glándulas odoríferas, ubicadas en la cabeza, el mentón, las comisuras de la boca, la región anal y entre los dedos. Intercambiar olores rozándose y olfateándose contribuye a crear un lazo entre los miembros de la manada y a crear un olor de la manada. Pero cuando las leonas han estado separadas más de unos meses, las antiguas aliadas se vuelven rivales por el resto de su vida. Packer cita sólo un ejemplo de dos hembras emparentadas que lograron superar una animadversión profundamente arraigada entre ellas y volvieron a unirse después de años de estar separadas. Pero incluso juntas, a la edad de diez años nunca habían criado cachorros. No debe extrañarnos que si las leonas son tan renuentes a unirse de nuevo con sus parientas, casi nunca se agrupen con no parientas, a pesar de los obvios beneficios de que gozarían si lo hicieran. Imaginen la impresión que nos llevamos una mañana en la que encontramos a un grupo de hembras que no reconocíamos dirigiéndose hacia un ramal del *lugga* de Bila

Shaka. Entonces nos dimos cuenta de que una cojeaba. Revisamos nuestros registros y con toda seguridad era Renguita, con su hija Go-Cat. Tras años de lucha, Renguita finalmente había logrado criar una cachorra, una joven bastante nerviosa que en aquel momento tenía alrededor de año y medio. Pero ninguno de nosotros tenía la menor idea de quiénes eran las otras hembras, aunque el hecho de que no reaccionaran agresivamente significaba que ellas se conocían aunque nosotros no las conociéramos. Quizás eran dos generaciones de exiliadas de la Manada del Pantano que habían comido o robado de la misma presa, cazada en tierra de nadie. Nunca hallamos respuesta a esa pregunta. Pero cuando volvimos a ver a Renguita y a Go-Cat estaban de vuelta en el pantano, en compañía de Roja.

No hace mucho escribí en mi diario: Hoy estábamos particularmente interesados en ponernos al día sobre un pequeño grupo de leonas conocido como las Hermanas

del Pantano, expulsadas de la Manada del Pantano cuando estaban por cumplir tres años y que habían luchado durante años por hacer su vida al margen del territorio de su manada natal.

En nuestra ausencia, Roja, la mayor de las leonas, había parido cuatro crías en un matorral cerca de la orilla el pantano de Musiara. La encontramos una mañana trasladando a sus diminutos cachorros de su madriguera ya marcada por el olor a un nuevo escondite a escasos 100 metros de distancia. Roja empezó a trotar

cuando el último de sus cachorros lloró en protesta por el abandono tan abrupto de su madre y sus hermanos. Renguita y Go-Cat observaban desde lo alto de un termitero y no pudimos sino maravillarnos ante la tenacidad de estas hembras; la manera en que simple y sencillamente no se amilanaban por sus circunstancias. Los cachorros de Roja aún son muy pequeños para reconocer a cada uno, pero los folículos de sus bigotes pronto se distinguirán lo suficiente para que los registremos.

La vida siempre será dura para una manada tan pequeña. El hambre, los depredadores, los machos nómadas y las peleas con otras hembras por el territorio son poderosos asesinos de crías de león, que tienen 50% de probabilidades o menos de llegar a la edad adulta. No es la primera camada de Roja, pero representa un nuevo comienzo. A Angie y a mí no nos queda más que esperar mejores tiempos para Roja y sus Hermanas del Pantano.

*U*NO DE LOS SITIOS *favoritos de las Hermanas del Pantano para descansar eran los matorrales de crotón en una colina rocosa con vista al pantano. Era un buen mirador para que las leonas se mantuvieran atentas en caso de peligro, ya fuera la presencia de otros leones o de los masáis llevando a abrevar a su ganado al arroyo. Además, estaba lo bastante cerca de los carrizales para tender una emboscada si se acercaban presas por ahí. En cierta ocasión encontramos a Roja, Renguita y Go-Cat comiéndose una cebra ocultas entre la hierba alta. Se veían nerviosas, como si presintieran problemas, y alguna de ellas se sentaba de pronto y echaba un vistazo alrededor antes de volver a hundir la cara en el cadáver. Finalmente, una hiena percibió el olor de los despojos y con la cabeza gacha empezó a lanzar llamados —una serie de largos chillidos que llegaban muy lejos en las planicies—. En un santiamén, más de una docena de hienas se había aproximado corriendo a investigar. Hubo un momento en el que leonas y hienas flanqueaban el cadáver de uno y otro lado; las leonas demasiado hambrientas para perder un tiempo precioso en ahuyentar a las hienas y éstas decididas a engullir toda la comida que pudiesen antes de que llegaran más de ellas.*

De repente, las hienas se dispersaron cuando un gran león galopó hasta donde estaban, con su rubia melena agitada por el aire y gruñendo mientras corría. Era uno de los machos de las Planicies de los Topis que, junto con su compañero más joven, ocupaba el lugar indiscutible de líder de la Manada del Pantano. Las tres leonas se pusieron a devorar, justo a tiempo. Khali, Narigona y otros miembros de la Manada del Pantano habían oído la escandalosa riña del clan de hienas y sabían que había una presa muerta

en su territorio. Mientras el macho rubio arrastraba el cuerpo de la cebra hacia el lugga, las leonas del pantano se mantenían en su sitio y les rugían a sus parientas, apresurándolas a retirarse. Fue un ejemplo gráfico del poder de los números; de que en campo abierto vivir en un grupo es siempre la mejor manera de sobrevivir; y de que los grupos reducidos siempre están en desventaja cuando se trata de defender una presa —o un territorio de caza— contra grupos numerosos de leones y hienas. Y demostró el hecho de que resulta más fácil repeler a las hienas cuando se cuenta con machos en la manada. Aunque en este caso las hembras no se beneficiaron de la presencia del macho, pues él se comió todo lo que quedaba de la cebra.

Un león puede consumir hasta un cuarto de su peso corporal de una sola vez y aunque los leones tienden a cazar cada pocos días, si es necesario pueden pasar varios días sin comer.

Las hienas tienen una gran resistencia y son corredoras de fondo, como los perros salvajes, pues mantienen un galope constante un kilómetro tras otro. Poseen sentidos del oído y del olfato muy agudos, y pueden detectar una presa muerta a kilómetros de distancia.

No había de ser. Una vez más, Roja perdió a sus crías, aunque hacía poco Renguita había parido una nueva camada y la habían visto en varias ocasiones cerca del pantano con dos cachorros de unas nueve semanas. Y entonces sobrevino la desgracia. Las Hermanas del Pantano siempre habían llevado una existencia precaria a orillas de la reserva. Era inevitable que en ocasiones tuvieran contacto con los masáis y su ganado, y una vez, durante la prolongada sequía, Roja fue sorprendida atacando a una res que se había separado de su rebaño. Antes de que pudiera matar a su víctima, David Breed, quien conduce el auto con cámara de Simon King cuando estamos filmando el programa, se dirigió a toda velocidad al lugar donde Roja había derribado a la res. Aunque la leona no quería abandonar a su presa, Dave logró espantarla antes de que la sofocara —justo cuando llegaban corriendo los pastores masáis, blandiendo sus lanzas—. En aquella ocasión le perdonaron la vida.

Amigos de colegas fotógrafos de la vida salvaje, Joe y Mary Ann McDonald, que presenciaron el incidente, relataron lo sucedido. Ambas leonas se veían delgadas y parecía que Roja estaba lactando. Una de las leonas había matado a un ternero aproximadamente a un kilómetro al norte de la frontera y lo había arrastrado a un matorral donde las dos se lo empezaron a comer. A unos cien metros de ahí, un muchacho pastor se quedó observando con su ganado; al principio, Joe y Mary Ann pensaron que no pasaría nada. Pero ya se había corrido la voz en las aldeas circundantes. No pasó mucho tiempo antes de que llegaran corriendo unos treinta adultos y adolescentes masáis vestidos de rojo, armados con sus largas lanzas y simis —la espada corta para apuñalar que traen consigo todos los masáis para combates cuerpo a cuerpo—. Se dirigían hacia donde habían matado al ternero. Renguita huyó primero, tal vez consciente de la desventaja de su pierna deforme, pero Roja estaba desesperada por el hambre y siguió comiendo unos segundos más. Ya había salido bien librada antes. Pero esta vez no contendría a los masáis. Debían vengar la muerte del ternero; era justicia para ellos, así lo dictaba su cultura. Nadie los iba a compensar por su pérdida y les tocaba asegurarse de que no volviera a ocurrir.

Cercaron a Roja en unos densos matorrales al borde del *lugga*, donde se fue a esconder. Rodeada por veinte hombres, no había escapatoria. Roja rugió aterrorizada y de dolor cuando la primera lanza dio en el blanco. En cuestión de segundos estaba muerta. El masái que había arrojado la primera lanza le cortó la cola y la sostuvo sobre su cabeza. Era su derecho, su medalla de honor. Recuerdo que mi buen amigo Jim Cavanaugh, que llevaba años observando a diario a los leones del Parque de Nairobi, comentaba lo fácil que era atravesar con una lanza a un león acorralado. En los viejos tiempos, los masáis se protegían con escudos de cuero de búfalo de la altura de un hombre cuando iban a la guerra o a cazar leones. Mientras trataba de escapar, el león dirigía todo su temor y su furia al individuo que se encontraba más cerca, quien se agachaba bajo su escudo ante la embestida del león. Una vez que la primera lanza daba en el blanco, los otros guerreros se movían como rayo para aniquilar al león. Jim se sintió destrozado cuando presenció uno de estos incidentes en la zona de Kitengela, que limita con el Parque de Nairobi, y rogó a los pastores que le perdonaran la vida a un león que había salido del parque en busca de comida y se había aficionado a atacar el ganado. Pero ni las palabras ni el dinero lograron disuadirlos.

Tal vez es demasiado pedir a los masáis —o a cualquier otra persona— que sacrifiquen su medio de vida para preservar la fauna salvaje fuera de las áreas protegidas, en particular cuando consideran que ellos no se benefician gran cosa de los dólares de los turistas. Al reflexionar sobre la muerte de Roja, recordé lo mucho que se ha distanciado el ser humano de los depredadores. Gracias al lenguaje y a la estrategia —la cooperación en la caza—, ahora el humano puede burlar al león y neutralizar su poder con gran facilidad. Renguita y sus dos pequeños cachorros sobrevivieron al incidente, pero su futuro lucía más sombrío que nunca con la desaparición de Roja.

El león del Serengueti

El Mara y el Serengueti son un sola tierra. Los constructores de imperios pudieron haberles dado una identidad separada cuando dividieron África oriental, pero siguen inextricablemente unidos por las manadas de ñus y de cebras que vagan ahí. La gran migración define la extensión de este ecosistema de 25 000 km², el último lugar en la naturaleza donde se puede ver a tantos animales juntos. La diversidad de vida lo hace un paraíso para los depredadores y, aunque mucho menor que el Serengueti, el Mara resulta de vital importancia para la migración como refugio en la temporada seca. Sin embargo, es la reserva del Serengueti la que ha predominado en la idea que tiene la gente de África, desde que los precursores alemanes Bernhard y Michael Grzimek filmaron y escribieron *Serengeti darf nicht sterben* [El Serengueti no

morirá], documental que fue visto en todo el mundo a finales de los años cincuenta. El Serengueti complace la mirada y, más que ningún otro sitio, ha llegado a representar el paisaje africano por excelencia: planicies abiertas salpicadas de acacias de copas bajas, con una manada de leones recostada a la sombra.

La primera vez que visité el Serengueti, en 1974, George Schaller ya había publicado los resultados de su trascendental estudio en *The Serengeti Lion* [El león del Serengueti]. Tuve la fortuna de ver leones, leopardos y guepardos en aquella primera breve visita, y el libro de Schaller hizo las veces de biblia del comportamiento de los grandes felinos, permitiéndome interpretar mis propias observaciones en mi incipiente carrera de observador de estas criaturas. Aquel safari de tres días durante mi viaje por tierra en

África me dejó suspirando por la oportunidad de vivir y trabajar en la maleza. Lo último que imaginé entonces fue que sería la última vez que vería los amplios espacios abiertos y los bosques de acacias del Serengueti en casi diez años. En un intento por rescatar su industria turística, Tanzania cerró sus fronteras con Kenia en 1977, el año que llegué a vivir en el Mara y me sumergí en el mundo de los leones del pantano. No fue sino después del cierre de la frontera cuando el Mara asumió el lugar que le correspondía en la opinión pública como una de las grandes zonas de vida salvaje del mundo; antes de eso había sido poco más que una parada de un día para muchos turistas en África oriental en su camino de regreso a Nairobi, luego de visitar el cráter de Ngorongoro y el Serengueti.

En el Kruger, los machos jóvenes son "población flotante" más que verdaderos nómadas, pues merodean cerca de donde nacieron hasta que tienen edad suficiente para tomar una manada.

Cada año, a principios de junio, las primeras migraciones de ñus y cebras llegan al Mara cruzando una corriente intermitente conocida como río Sand, que marca la frontera con el Serengueti. Cuando las manadas emprendían la retirada con el inicio de las lluvias, en octubre, soñaba con acompañarlas al sur, a las planicies de hierba corta. Ése es el hogar ancestral de la migración, donde las hembras de ñu paren hasta 400 000 crías cada año y donde Schaller había observado engordar a los leones nómadas con lo que atrapaban de aquel derroche de la naturaleza.

Los leones que viven en el Mara y en Serengueti conforman una sola población y los nómadas entre ellos no conocen fronteras, pues recorren enormes distancias en sus viajes de ida y vuelta en busca de un lugar para vivir, y dependen del millón y medio de ñus y cebras para su sustento. A la larga, algunos de estos machos errantes encuentran una manada de hembras que pueden tomar. Cada vez que aparecían nuevos machos para pelear por el control del territorio de la Manada del Pantano, no podía evitar preguntarme qué distancia habrían recorrido para lograr su conquista, y si acaso no eran leones del Serengueti.

Cuando las manadas migratorias vuelven al Serengueti, muchos de los leones nómadas se van con ellas, a menos que hayan conseguido un territorio. Casi la mitad de las tomas de manada en el Serengueti ocurren en noviembre y diciembre, durante el regreso de los ñus y las cebras; y las leonas que han perdido sus crías por infanticidio, o que no las habían tenido, pronto entran en celo y se aparean con los nuevos machos, aunque por lo general tardan hasta tres meses en quedar embarazadas. Se piensa que este "pseudocelo" es el recurso de la naturaleza para asegurar que las hembras se queden con los mejores machos. Puede haber más de una coalición de machos en el área en el momento de una toma, y si las hembras se embarazan de inmediato, podría suceder que otra coalición hubiera asumido el control cuando nacieran sus cachorros, con lo que se iniciaría de nuevo todo el ciclo de infanticidio y trastorno social. Es mejor permitir que los grupos de machos definan cuál es la coalición más fuerte y sólo entonces ovular y embarazarse. Aparearse con los machos es más seguro que resultar herida o incluso muerta por no ser receptiva.

Aunque las leonas paren en cualquier momento del año, parece que hay un pico estacional en el Serengueti entre marzo y julio. Esto puede obedecer en parte al previo aumento de tomas de manada y también al hecho de que, gracias a la abundancia de alimento, las leonas tienden a alcanzar su condición física óptima en esa época del año y entran en celo más a menudo. Por consiguiente, la mayor parte de los embarazos o del amamantamiento de crías pequeñas ocurre cuando la migración está en la zona.

Hasta hace relativamente poco tiempo,

El momento de cruzar el río siempre es peligroso para las manadas migratorias, pues da la oportunidad a los cocodrilos y a los leones de emboscarlas.

cuando la gente hablaba de leones se refería a una criatura moldeada en nuestra imaginación a partir del comportamiento del león del Serengueti. En décadas recientes, científicos que investigan en otras partes de África empezaron a poner en tela de juicio nuestra visión de estos felinos majestuosos y a señalar la manera en que los leones se comportan en los diferentes tipos de hábitat. De cualquier modo, en los últimos 36 años el Proyecto León del Serengueti ha constituido el pilar de la investigación sobre esta especie en África. Junto con el estudio sobre los chimpancés, del que fue precursora Jane Goodall en el Parque Nacional de Gombe, Tanzania, es uno de los proyectos de investigación más prolongados sobre un gran mamífero en cualquier parte del mundo. Representa un extraordinario tributo a la calidad del trabajo de George Schaller el que el origen de gran parte de lo que se ha corroborado sobre el comportamiento del león en toda África se remonte a su estudio.

Con el paso de los años, el Proyecto León del Serengueti ha evolucionado del conteo de leones, el tamaño de sus áreas de distribución y el establecimiento de un esquema general de su comportamiento al uso de las técnicas más modernas en formulación de modelos por computadora y genética. Se ha identificado a cada uno de los leones del Serengueti con una tarjeta que indica el diseño de los folículos de sus bigotes y cada vez que un león reaparece, se actualiza su tarjeta de identificación: ¿dónde se le vio, con quién estaba, en qué condiciones y qué tan bien alimentado? A muchos leones se les ha dado seguimiento desde su nacimiento hasta su muerte, lo que ha permitido que los investigadores lleven un registro de sus historias de vida y, con ayuda de la huella genética, tracen la relación precisa de los individuos dentro de una manada. Se ha estudiado a casi 3 000 leones en el Serengueti y en el cráter de Ngorongoro. Pero tratar de encontrar una lógica en la manera de vivir de los leones es una labor interminable. Cuando Craig Packer y su esposa Ann Pusey se hicieron cargo del proyecto en 1978, estaban particularmente interesados en estudiar la sociabilidad del león.

Ya se habían identificado algunos posibles

Una leona del pantano trata de derribar a una cría de elefante huérfana. Ninguna especie está a salvo del ataque de leones hambrientos; jirafas, cocodrilos y rinocerontes han sido sus víctimas alguna vez.

beneficios de vivir en grupo, con la obtención de alimento en primer lugar. También estaban incluidos la captura de presas más grandes, el menor riesgo de morir de hambre, la mayor facilidad para cazar y capturar animales dispersos y la defensa de las presas cazadas ante las hienas manchadas, con lo que aumentaba al máximo la cantidad de alimento ingerida de cada presa. Vivir en grupo también reduciría el riesgo de depredación: un animal que caza o busca alimento solo tiene mayores probabilidades de convertirse en la comida de alguien más. Aunque los leones no tienen depredadores naturales a los que deban temer cuando ya son adultos —salvo el hombre—, sí enfrentan una seria competencia de animales que podrían matarlos: específicamente, otros leones.

Para Packer y Pusey resultaba evidente que los leones formaban grupos más grandes de lo que cabría esperar por alguna otra razón además de conseguir más comida. Uno de los supuestos fundamentales sobre la manada de los leones es que las leonas están emparentadas y son intolerantes con las hembras no emparentadas que entran en su territorio. Permitir que una hembra emparentada forme parte del grupo evita que sufra las consecuencias de subsistir por su cuenta. En estas circunstancias, parecía razonable esperar que los leones permanecieran

en un grupo, a menos que éste creciera al grado de que una presa tuviera que alimentar a tantas bocas que a un cazador le habría convenido más estar solo.

La mayoría de los carnívoros son solitarios y siempre se ha pensado que los que no lo son —las hienas manchadas y los perros salvajes, al igual que los leones— han adoptado un modo de vida social sobre todo por la obtención de mejores resultados en la caza. Las tres especies han aprovechado la oportunidad de vivir en hábitats más abiertos, lo que les da acceso a presas más grandes de las que pueden manejar la mayoría de las especies solitarias de depredadores. Las hienas y los perros salvajes, tanto machos como hembras, participan en cacerías grupales. Sin embargo, tanto en el Mara como en el Serengueti, son las leonas las que se ocupan de la mayor parte de la caza, de modo que parecía probable que el factor que motivó la sociabilidad del león fuera el beneficio que daba a las hembras el hecho de cooperar en la caza.

Los leones son depredadores versátiles, en particular si se considera su gran tamaño. Un león hambriento cazará casi cualquier cosa, desde insectos, reptiles, aves, liebres y crías de gacela hasta animales tan grandes como jirafas e incluso elefantes jóvenes. No obstante, a pesar de su reputación como consumados cazadores, en muchas ocasiones los leones se ven obligados a desistir mucho antes de acercarse lo suficiente a su presa para abalanzarse sobre ella y, aun en los casos en los que sí atacan, sólo logran matar a su presa en uno de cada cinco intentos. Así pues, no es de sorprender que roben todo el alimento que pueden y, donde abundan las presas y otros depredadores, hasta 50% de su alimento puede ser robado. En sus tiempos en el Serengueti, Schaller observó que las leonas que cooperaban cazando en grupos de cinco o seis tenían el doble de éxito para conseguir presas (con un índice de éxito de 30%) que una leona sola (con un índice de éxito de 15%), lo que parecía confirmar que el principal factor que impulsaba a la formación de manadas era el mayor éxito en la caza. Schaller señalaba que la situación con mayores probabilidades de éxito era la de "un grupo de leones que acechara a un animal grande solitario, en dirección contraria al viento, cerca de un matorral en la noche". Pero estas observaciones se basaban principalmente en leones que cazaban ñus, cebras y gacelas de Thomson —todas ellas especies migratorias—. Antes del estudio de Schaller, la gente siempre había supuesto que los leones "entendían" la importancia de la dirección el viento en el resultado de una cacería. Pero luego de observar cientos de cacerías y registrado la dirección del viento, Schaller se dio cuenta de que los leones no tomaban esto en consideración y que, por lo general, sufrían las consecuencias cuando se acercaban en la dirección en la que soplaba el viento y las presas detectaban su olor.

Un beneficio indiscutible de cazar en grupo es que a veces ayuda a los leones a conseguir varias presas, lo que da a todos los miembros de la manada la oportunidad de comer hasta saciarse. Muchas veces presenciamos esto mientras contemplábamos a los leones del pantano cazar ñus en la temporada seca; los veíamos rodear una manada cuando empezaba a oscurecer, las leonas avanzaban agazapadas, hasta que una de ellas hacía un movimiento y la manada se dispersaba, lo que permitía a las leonas capturar dos o tres animales y nos hace pensar que hay cierto grado de cooperación. En cierta ocasión contamos cuatro ñus de diferentes edades muertos en el pasto, algunos intactos. Obviamente, una leona sola no puede hacer esto, aunque un cazador solitario a veces llega a matar un ñu y, si se le presenta la oportunidad, después a otro —y a otro— desde la misma emboscada.

La razón de esta matanza en apariencia excesiva es que en todos los felinos el instinto cazador es independiente del instinto del hambre. ¿Cuántas veces no hemos visto a un gato doméstico al que su dueño acaba de alimentar responder a la oportunidad de cazar un pajarito en el jardín? Pero en la naturaleza, los depredadores rara vez tienen la oportunidad de "matar de más", e incluso cuando lo hacen, nada se desperdicia. Los depredadores más pequeños y los buitres no tardan en dar cuenta de todo lo que dejan los leones. La vida del león oscila entre tiempos de abundancia y de escasez; es un régimen de ayuno o festín en el que los leones nunca saben bien a bien cuándo o de dónde vendrá su siguiente alimento. Más vale comer todo lo que se pueda cuando se puede y almacenar reservas de energía para los inevitables tiempos de vacas flacas.

Para los leones que viven en el área de Serengueti-Mara, la llegada de la migración significa que todos los leones —sin importar el tamaño del grupo— tendrán mucho que comer. De hecho, los leones almacenan reservas corporales en este periodo en el que abundan las presas, las hembras lactantes producen más leche y los cachorros rara vez se mueren de hambre. Las leonas que cazan solas consiguen casi tanto para comer como las que viven en grupos de cualquier tamaño, y mientras haya ñus y cebras (y gacelas de Thomson en el Serengueti), los leones se alimentan casi exclusivamente de ellos. Pero no hay una garantía sobre el tiempo que los animales seguirán llegando a la zona o cuánto se quedarán. Puede ser una semana o un mes; todo depende de las lluvias y de la calidad de los pastizales. Al estar en movimiento constante, los animales migratorios reducen el impacto de la depredación: sólo de esa manera pueden sobrevivir en tan vastas cantidades.

Los leones machos de África oriental pesan en promedio 175 kg y las hembras, 120 kg; los leones del sur de África tienden a ser alrededor de 5% más grandes. Aunque las leonas comen un promedio de seis a ocho kg al día, pueden pasar días sin comer —una semana o aún más— y, con el estómago vacío, una hembra puede comer 30 kg y un macho cerca

Más de 35 000 buitres patrullan los cielos en el Serengueti y el Mara; los más numerosos son las colonias de buitres dorsiblancos, que aquí abren sus alas para refrescarse.

de 50 kg de una sola vez —es decir, la cuarta parte de su peso corporal—. Esto significa que cada león necesita matar alrededor de 20 animales medianos como ñus o topis al año, y el territorio de una manada está definido por la cantidad de alimento que necesita un grupo de leones para sobrevivir todo el año. Se ha propuesto que las densas poblaciones de presas que pesan de una a dos veces lo que un león —como un ñu o una cebra— deben haber sido un factor importante para impulsar a las hembras a formar manadas, mientras que los machos se unieron en coaliciones por ser la mejor manera de controlar las densas

La Gran Manada. Los machos de la manada a veces dejan que sus cachorros jóvenes coman de una presa, manteniendo alejadas a las hembras.

Cada año, los ñus regresan a ciertos sitios para cruzar a lo largo del río Mara; por lo general, eligen lugares con un acceso fácil al río y buena visibilidad.

Los depredadores cobran una gran cantidad de crías de jabalí, atacadas con frecuencia por leones, hienas, leopardos, guepardos y aves de rapiña grandes.

poblaciones de hembras concentradas en territorios bien definidos.

La hora de la verdad llega cuando la migración se va. Entonces las leonas se deben esforzar mucho más para encontrar suficiente comida para alimentar a la manada. En épocas de escasez, los cachorros son los que más sufren, pues dependen totalmente de las leonas para su siguiente comida hasta que tienen casi dos años de edad. Una leona medio muerta de hambre impedirá cada vez más a sus cachorros que se acerquen a una presa que haya cazado si de verdad está hambrienta, simplemente porque no puede darse el lujo de sacrificar su propia vida. Como quiera, podrá tener otra camada en tiempos mejores, algo que los cachorros están demasiado jóvenes para hacer. Por fortuna para ellos, a veces los machos de la manada les permiten comer de una presa manteniendo alejadas a las hembras. Esto tiene una lógica, pues los cachorros están emparentados por lo menos con uno de los machos, mientras que las leonas no están emparentadas con éstos, y cuando los cachorros son pequeños y tienen un apetito pequeño, los machos se pueden permitir ser generosos. Esto puede significar la diferencia entre la vida y la muerte para los cachorros, si bien en tiempos realmente difíciles, tal vez no les toque nada y terminen muriendo.

Al observar a los leones mientras comen una presa, resulta evidente que no hay jerarquías sociales entre las hembras; cada leona, independientemente de su edad o tamaño, morderá y golpeará cuando sea necesario para hacer valer su derecho a recibir su parte. Disputarse una presa pequeña como un jabalí puede degenerar pronto en una indecorosa pelea, hasta partir en pedazos a la presa. Antes de esto, por lo general cada león sujeta a la presa con todas sus fuerzas, sin atreverse a soltar su parte para arremeter contra un rival por temor a quedar en desventaja. En estas circunstancias, se vuelve evidente el porqué de las fosas y los orificios nasales tan anchos de los leones: les viene muy bien para inhalar mientras tienen la boca cerrada en una porción de carne o, lo más importante, mientras estrangulan o sofocan a su presa. Un miembro de una manada que corre con la suerte de atrapar una presa realmente pequeña, como una cría de jabalí o gacela, normalmente podrá comer solo, aunque quizá sus cachorros reclamen una parte. Si se acerca otro miembro de la manada, un agresivo gruñido de la leona en posesión de la presa suele bastar para que su compañero de manada se eche o se retire; si no, le queda el recurso de irse corriendo con su trofeo. Pero dependiendo de lo hambrientos que estén, los machos de la manada pueden tratar de robar incluso una presa pequeña y su tamaño les permite someter a las hembras. En general, también consumen el doble de una presa. Si hay varias leonas comiendo de un animal grande, los machos pueden ser más cuidadosos al acercarse, en particular si ya han comido antes una parte: se echan y observan a distancia, esperando hasta que sólo queden una o dos leonas para apropiarse de los despojos.

Craig Packer sigue al frente del Proyecto León del Serengueti de la Universidad de Minnesota, donde él y su esposa son profesores, y viaja regularmente a Tanzania para supervisar el trabajo de sus estudiantes. "Es rara la cooperación en la naturaleza, pero los leones, los babuinos y los chimpancés se cuentan entre los más cooperativos de todos los mamíferos", comenta Packer, y algo debe saber, pues ha participado en el estudio de estas tres especies (tanto Packer como Pusey fueron estudiantes en el Parque Nacional de Gombe). Pero la cooperación siempre mantiene

Los leones solos y las manadas más pequeñas del área de Serengueti-Mara dependen en gran medida de los jabalíes en ausencia de las especies migratorias. Luego de robarle una presa a las leonas, este macho de la manada está a punto de dejar que los cachorros coman con él.

un equilibrio con el interés propio; ayudar invariablemente tiene su recompensa. ¿Pero en qué medida las pautas de agrupamiento mostradas por los miembros de manadas contribuyen a su éxito en la obtención de alimento, era el alimento la verdadera razón de la manera de vivir de los leones? Packer no estaba convencido. Al principio confiaba en que podía encontrar las respuestas a sus preguntas sobre el comportamiento social de los leones en no más de dos o tres años de intenso trabajo de campo. Sin embargo, pronto se percató de que sólo con un estudio a largo plazo podría recabar la información que estaba buscando. Como señalaba irónicamente: "Los leones son extraordinariamente hábiles para no hacer nada. A la lista de gases nobles inertes, incluidos el criptón, el argón y el neón, podríamos agregar al león".

Packer, Pusey y sus estudiantes han explorado numerosos caminos en su intento de explicar con precisión por qué los leones son sociables y qué tamaño de manada arroja los mayores beneficios. Schaller ya había identificado las actividades sociales más obvias en las que participan los leones: cacería en grupo, cría comunitaria de los cachorros en una guardería y defensa grupal de un territorio. Y había observado a los leones de noche. Pero había algo que no terminaba de cuadrar.

Packer se dio cuenta de que sólo observando a los individuos conocidos las 24 horas del día podría dar con lo que estaba buscando. A partir de 1984, al menos una leona de cada una de las 21 manadas llevaba un radio collar, y el propio Packer y uno de sus estudiantes, Dave Scheel, se impusieron la extenuante tarea de los seguimientos nocturnos. Querían descubrir cuánta carne conseguía cada hembra, ya fuera cazando sola o en grupo. Esto suponía seguir a las leonas de día y de noche durante cuatro días al hilo alrededor de la época de luna llena, con ayuda de las hembras con radio collar y unas gafas para visión nocturna. Packer y Scheel se alternaban en turnos de seis horas cada uno: Packer de la puesta de sol a la una de la mañana, y luego otra vez al salir el sol. Como era de esperar, los leones dormían la mayor parte del tiempo, y la tensión y el aburrimiento

Babuino en el Parque Nacional de Luangwa Sur, Zambia. Formando grandes tropas como defensa contra los depredadores, los babuinos pueden abandonar la seguridad de los árboles y salir a campo abierto a la sabana en busca de alimento.

Aunque los perros salvajes son corredores, forman grupos y acechan a la presa lo más cerca posible en campo abierto.

Las gacelas de Thomson son una de las presas favoritas de los perros salvajes y los guepardos en el área de Serengueti-Mara. Paren a sus crías en la temporada de lluvias y normalmente entran en celo a las dos semanas del parto, de modo que procrean dos crías en poco más de un año.

Las crías de gacela son presa fácil para los perros salvajes y los guepardos, su única defensa en sus primeras semanas de vida consiste en mantenerse echadas con el mentón pegado al suelo e inmóviles.

hizo mella en los observadores humanos. A la fecha, sólo pensar en aquellas largas horas en el vehículo incomoda a Packer: "Debo reconocer que todavía me cuesta trabajo hablar de ese estudio. Cada noche solo en el auto era, más que nada, tratar de permanecer despierto, de no perder la cordura, de sobrellevar el interminable y absurdo soliloquio".

Debieron abandonar varios seguimientos cuando el auto se descomponía o caía en una madriguera de jabalí, y una noche Scheel volvió con paludismo. Pero casi siempre lograron permanecer con los leones los cuatro días completos, y llevaron a cabo 36 de estos seguimientos en 24 meses: 144 noches en compañía de leones, en las que en más de 1 500 veces vieron a hembras con radio collar entre julio de 1984 y diciembre de 1987.

Al mismo tiempo que Packer y Scheel estaban siguiendo a los leones, yo estaba trabajando en un libro sobre perros salvajes y pasé semanas durmiendo en mi auto para no perder de vista a una manada que acababa de establecer una madriguera. Esto me permitió observar a los cachorros en sus primeros dos meses de vida, y seguirle la pista a los adultos cuando cazaban temprano por la mañana y luego otra vez por la tarde. Pero fui afortunado. Los perros pocas veces cazaban de noche, salvo cuando había luna llena, y luego de cocinarme algo en una estufa de gas podía deslizarme al asiento trasero y dormir. No me hacía falta un despertador. Al clarear el día, los perros ya andaban por ahí y empezaban a tirar de las boquillas para inflar los neumáticos o "destripaban" la parte inferior del auto, rompiendo los cables eléctricos o los tubos de la gasolina. Luego se marchaban, con esas grandes zancadas suyas, sin esfuerzo alguno, trotando por las llanuras en busca de gacelas o ñus. Siempre que me topaba con Dave Scheel, me asombraba que no hubiera perdido el sentido del humor, ya no digamos que se mantuviera despierto con sus leones durmientes; debe haber tenido algo que ver con el aura del Serengueti. Nadie escapa a su hechizo.

A la hora de cazar, los perros salvajes adoptan una estrategia muy distinta a la de los leones. Son corredores: persiguen a sus presas hasta que las agotan y luego las despedazan. A veces los perros se dividen y persiguen a distintos miembros de una manada, pero rápidamente cambian de táctica para aprovechar lo que estén haciendo otros de sus compañeros si consideran que así aumentarán sus probabilidades de conseguir comida. En ocasiones la individualidad es evidente de maneras que pueden beneficiar al grupo. Algunos perros son especialmente veloces y hábiles para cazar gacelas; otros son más resistentes en la persecución de ñus adultos; y algunos machos son particularmente hábiles para saltar y prender del labio o la nariz a un ñu o una cebra que opone resistencia y así inmovilizarlos, para que otros compañeros lo despedacen con mayor facilidad. El índice de éxito de una manada de perros salvajes, sobre todo cuando los ñus están pariendo en las planicies, es alto y aunque pueden intentarlo varias veces antes de conseguir una presa, es raro que los miembros de la manada vuelvan a su madriguera con el estómago vacío. Al observar a una manada de perros salvajes, se está ante la cúspide del comportamiento social: todos los machos adultos están emparentados, y lo mismo sucede con todas las hembras, aunque hembras y machos no están emparentados entre sí. No es de extrañar que "ayudar" sea un rasgo tan característico de su vida, en especial en lo que respecta a la cría de los cachorros.

Aunque un león puede alcanzar tremendas velocidades (50 a 60 kph) —como muchos perros salvajes lo saben por experiencia propia—, no la pueden sostener más de unos cuantos cientos de metros, mientras que un perro salvaje puede mantener un ritmo similar kilómetro tras kilómetro. Las hienas manchadas tienen la misma energía para las persecuciones y Schaller hace la observación de que el corazón de un león sólo representa 0.45% de su peso corporal (el de una hembra es ligeramente mayor, con 0.57%, pero ellas se ocupan de la mayor parte de las persecuciones), mientras que el corazón de una hiena constituye casi 10% de su peso corporal. En general, el éxito en la caza para un león depende de que se acerque lo más posible antes de salir de su escondite; se dará por vencido muy pronto cuando la presa empiece a dejarlo atrás, a menos que un compañero de manada cambie el curso de los acontecimientos para bien de ellos.

El duro régimen laboral de Packer y Scheel dio sus frutos. Descubrieron que en tiempos difíciles en el Serengueti, las leonas solitarias y las que viven en manadas pequeñas de dos a cuatro hembras tendían a cazar jabalíes con más frecuencia que a cualquier otra presa, como lo hacen en el Mara cuando éstas escasean. Los jabalíes son una presa relativamente pequeña para los leones, pues pesan en promedio de 25 a 50 kg, aunque un macho grande puede pesar considerablemente más, y las leonas solitarias demostraron tener las mismas probabilidades de éxito en la caza de jabalíes que un grupo pequeño de leonas. No obstante, como no tenían que compartir su presa con compañeros, una cazadora solitaria podía obtener mucha más carne que una leona que cazara en pareja, trío o cuarteto. De hecho, en épocas de escasez de presas, los grupos pequeños estaban desnutridos en comparación con las cazadoras solitarias, y podían pasar días sin comer. Las cazadoras solitarias y los grupos pequeños robaban hasta 60% de su comida, mientras que las manadas grandes la obtenían casi toda con su propio esfuerzo. Los grupos más grandes de cinco a

*E*n una época, *la Manada del Paraíso contó con ocho o más leonas y tres grandes machos, y todo el año se dedicaban a cazar búfalos; aunque, como todos los leones, si había ñus en el área, concentraban la mayor parte de sus esfuerzos en cazarlos. Pero se sentían tan seguros de su habilidad para enfrentar a estos imponentes animales que no era raro verlos dándose un festín con un búfalo incluso cuando había ñus. A menudo lo hacían parecer fácil, pese a que un búfalo macho adulto puede llegar a pesar 650 kg (tres cuartos de tonelada) o más, el doble del tamaño de una cebra y casi tres veces más pesado que un ñu. Una o dos de las leonas del paraíso eran particularmente hábiles para cazar búfalos. A veces atacaban una manada de búfalos de noche cuando a éstos les resultaba más difícil defender a sus compañeros y lograban matar a una cría o a una hembra. Sin embargo, la mayoría de las veces se concentraban en los pequeños grupos de viejos machos. A mediodía, normalmente los encontraban rumiando en revolcaderos de lodo en las llanuras o guarecidos en meandros ocultos entre el bosque ribereño.*

Era un ejemplo de caza en cooperación con máxima recompensa, pues los miembros de la manada de leones se juntaban para someter a un búfalo, rodeándolo para asegurarse de que siempre hubiera un león listo para saltarle a los cuartos traseros cuando el animal se diera la vuelta para proteger su vulnerable trasero. La clave era asegurarse de no salir azotado o muerto. Pero había ocasiones en que la batalla seguía y seguía y el búfalo terminaba derrumbándose por agotamiento o porque se lo empezaban a comer vivo.

En tiempos de sequía o cuando un búfalo está enfermo y aislado, hasta una leona sola puede atacarlo y derribarlo, en particular si pertenece a una manada grande y tiene experiencia en estos menesteres. A pesar de su extraordinaria fuerza, a una leona se le presenta un problema luego de derribar a un búfalo. En ese momento debe desear que otros compañeros de su manada —si los tiene— vengan en su ayuda, lo que sin duda harán si oyen los bramidos de angustia del búfalo; si no llegan, es muy posible que las hienas le roben su presa. Se las debe arreglar sola para impedir que el búfalo vuelva a ponerse de pie y tratar de matarlo. Esto puede provocar una feroz lucha en la que la leona usa su peso y su fuerza para mantener en el suelo al animal, que no deja de resistirse, poniéndolo boca abajo y montándosele a horcajadas en el vientre. Después se debe empujar poco a poco hacia la cabeza del búfalo para morderle la garganta o, mejor aún, atraparle la nariz y la boca con sus fauces para sofocarlo —el método más rápido para matar un búfalo—, lo cual puede llevar hasta diez minutos.

Los movimientos de la migración de ñus están determinados por la distribución de las lluvias. Los ñus prefieren los pastos cortos verdes y se trasladan rápidamente adondequiera que haya llovido y el pasto haya reverdecido.

siete leonas tendían a cazar búfalos en épocas de vacas flacas, y estaban tan bien alimentadas como las leonas solitarias, pero no más. Así pues, no debe sorprendernos que los jabalíes y los búfalos representen 50% de las presas de los leones en tiempos difíciles. Una de las razones por las que los grupos pequeños de leonas eran los que estaban en mayor desventaja era que pocas veces cazaban búfalos. No tenían más remedio: atacar a un búfalo es demasiado peligroso para un grupo pequeño. Mientras tanto, los grupos más grandes cazaban activamente búfalos y se beneficiaban de una considerable ración de comida.

El comportamiento de los leones del pantano encaja a la perfección con los hallazgos de Packer. Cuando la migración emprende el regreso al Serengueti, a menudo los leones batallan para encontrar comida para sus cachorros y deben cazar las especies locales, como jabalíes, búfalos y topis. Si sólo hay cuatro leonas en la manada, en contadas ocasiones atacan búfalos, aunque normalmente hay una gran manada de búfalos que se desplaza por el territorio, así como varios grupos de machos con algunos ejemplares viejos. En lugar de ello, los leones se concentran en los jabalíes, a veces sacándolos de sus madrigueras, así como en atacar uno que otro topi, y arrebatándolos a otros depredadores siempre que pueden. En ocasiones, las leonas acechan a una hembra de búfalo que guía a su joven cría de vuelta a su manada, y en estas circunstancias pueden ingeniárselas para alejar a la hembra y matar a la cría. En cierta ocasión en la que ocurrió esto, la hembra de búfalo volvió a buscar a su cría y aunque la leona reaccionó de inmediato a la oportunidad de atacarla, se traslucía el temor en sus ojos cuando miraba de reojo, esperando a uno de sus compañeros para hacer el primer movimiento. Finalmente llegó corriendo uno de los machos de la manada y agarró a la hembra de búfalo por las ancas. Sólo entonces la leona sintió confianza suficiente para acercarse y derribar a la presa por un costado. Pero cuando el número de leonas adultas en la Manada del Pantano aumentó a cinco o seis, tenían mucho más oportunidades de cazar búfalos.

Esto contrastaba fuertemente con el

comportamiento de la Manada del Paraíso, más grande, que vivía al sur de Governor's Camp y cuyo territorio estaba delimitado por una amplia extensión de llanuras abiertas entre la Colina del Rinoceronte y el río Mara. La Manada del Paraíso era cazadora de búfalos por excelencia y regularmente se daba festines con las presas que atrapaban de la manada de 500 cabezas que todo el año recorría estos exuberantes pastizales. En la temporada de lluvias, la zona se anega y es difícil transitar en un vehículo, como muchas veces me tocó comprobarlo. Pero cuando decenas de miles de ñus oscurecen las llanuras en la temporada seca, es uno de los lugares favoritos de los conductores para llevar visitantes deseosos de ver un cruce por el río. Hay momentos en que densas multitudes de ñus y cebras se congregan a lo largo de la ribera, y se reúnen en puntos de cruce a los que vuelven cada año. Y la mitad de las veces los leones de la Manada del Paraíso estarán vigilantes entre los densos matorrales de crotón que bordean el río, listos para salir disparados mientras el resto de los ñus se apresura a alcanzar a los que ya están en el agua.

Cazar búfalos puede ser privilegio de los grupos más grandes de hembras y la mejor manera para sobrevivir cuando no hay presas más fáciles; sin embargo, aun así las leonas de manada no estaban mejor alimentadas que una hembra que se sustentaba sola. Si las leonas que cazaban o se sustentaban por su cuenta conseguían más comida que los individuos pertenecientes a grupos pequeños, cabía esperar que esos grupos pequeños se dividieran cuando escaseaban las presas. Pero no. De hecho, Packer y Scheel descubrieron que los grupos grandes se dividían en grupos más pequeños de cuatro a cinco leonas cuando escaseaban las presas y no encontraban búfalos que cazar. En general, era relativamente raro que cambiara el tamaño de los grupos; ocurría con mayor frecuencia cuando abundaban las presas, pero no por el tipo de presas que cazaran. Lo más común era que estos cambios se dieran cuando los miembros de la manada se reunían en torno de una presa grande cazada; cuando se dispersaban durante un encuentro con machos o hembras de otra manada; cuando una madre de crías pequeñas

se iba para volver al lugar donde había ocultado a sus cachorros para amamantarlos; o cuando los leones iban a beber agua, algo que suelen hacer después de comer.

Los resultados demostraron a Packer que la comida no bastaba para explicar por qué las leonas formaban manadas. En realidad, lejos de ser una especie solitaria cuyos miembros unen sus fuerzas para cazar, Packer opina que se debe pensar en los leones como una especie sociable que ocasionalmente se debe dividir para cazar con mayor eficacia, y algunas veces se reúne para atrapar un búfalo si la manada es lo bastante numerosa. Pero si la caza no era la razón para que los leones se mantuvieran leales a su grupo, ¿entonces cuál era? Packer y Pusey ya habían investigado los beneficios de que las leonas criaran a sus cachorros en una guardería, fue una de sus razones para ir al Serengueti y observaron el comportamiento de la lactancia por mucho más de mil horas. Establecieron que, en el Serengueti, la mejor situación para criar cachorros con éxito era que un grupo de dos a cinco leonas criara comunitariamente cachorros de edad similar, amamantándolos hasta el destete, alrededor de los seis a ocho meses, pero manteniendo el ambiente social de la guardería hasta que las leonas estuvieran

listas para reproducirse otra vez, cuando sus cachorros tuvieran aproximadamente año y medio. Las hembras cazaban juntas y regresaban juntas a amamantar a sus cachorros. Aun cuando éstos ya estuvieran destetados, la guardería se conservaba intacta, y los cachorros acompañaban a sus madres adondequiera que fueran.

Al "ordeñar" a algunas de las leonas, Packer y Pusey descubrieron que la cantidad de leche de una leona no dependía del número de cachorros que amamantara, sino de lo bien alimentada que estuviera. Por eso, una madre con un solo cachorro podía darle de mamar a otros cachorros. Y cuanto más cercana fuera la relación entre las leonas, mayores serían las probabilidades de que compartieran su leche con los cachorros de otras. Cuando la migración estaba en el territorio de una manada, había comida más que suficiente para todos los adultos y los cachorros grandes, y las crías más pequeñas también salían beneficiadas, pues sus madres producían más leche después de una buena comida. Ésta era la mejor época para observar a los leones, pues los cachorros se mostraban juguetones en vez de apáticos y las leonas a menudo se unían a la diversión.

Sin embargo, como la mayoría de las

Todos los leones están bien alimentados cuando la migración está en su territorio, sin importar el tamaño de la manada; tanto los cachorros como los adultos son más juguetones en esta temporada.

guarderías están integradas por dos a cinco hembras, es probable que las leonas no estén mejor alimentadas que si cazaran por su cuenta. Y si estuvieran cazando por su cuenta y criando a sus cachorros solas —como los leopardos y los tigres—, probablemente la madre comería más y los cachorros recibirían más leche que cuando forman parte de una guardería. Esto es justo lo que hacen las leonas las primeras cuatro a seis semanas después de parir, cuando esconden a sus cachorros de los depredadores y del resto de la manada. Pero tal vez es una de las pocas ocasiones en las que tiene sentido que una leona se aísle de sus compañeras. Cuando los cachorros ya pueden caminar, es más seguro llevarlos a la manada y formar una guardería. Si no hay otros cachorros de edad similar, una leona no puede esperar ayuda de sus compañeras y uno se imaginaría que sería mejor para ella tratar de criar a sus cachorros sola. No obstante, Packer observó que las hembras de las manadas de hasta siete leonas adultas eran menos vulnerables a las tomas de machos (y, por consiguiente, al infanticidio) que las hembras solitarias. Resulta que el amamantamiento comunitario, lejos de representar uno de los beneficios de vivir en grupo para los leones, es el precio que deben pagar las leonas por mantenerse unidas la mayor parte del tiempo cuando sus hijos forman parte de una guardería. Pero no lo hacen exclusivamente para reducir las probabilidades de un infanticidio.

Una leona sola puede alimentarse, pero sin compañeras suficientes le es casi imposible criar cachorros, para ello se necesita un hogar permanente. El territorio constituye una parte vital del rompecabezas, aunque las piezas no siempre encajan bien. Las fronteras del territorio de una manada son un tanto móviles y todas las manadas se mudan a veces, sobre todo en respuesta a cambios estacionales en la disponibilidad de presas. Además, las leonas —solas o en grupo— con mucha frecuencia recorren largas distancias adonde se congregan los ñus. La mayoría de las manadas tienen territorios que se traslapan en cierta medida, aunque por lo general los leones pueden evitar el contacto con machos no pertenecientes a la manada escuchando los rugidos y registrando

cualquier olor dejado por otros leones. Aun así, existe el riesgo real de que encuentren extraños y sean atacados cuando se alejan demasiado. Muchas veces nos ha sorprendido encontrar a los leones del pantano comiendo una presa bastante lejos de su territorio, pero en estos casos normalmente toda la manada se desplaza en un grupo defendible. El temor a verse aislados es una de las razones por las que los leones se ponen en marcha juntos después de comer; a menos que estén muy hambrientos, ninguno de ellos querrá ser el último en partir y arriesgarse a ser desafiado sin contar con apoyo si los dueños del territorio se aparecen de repente en el horizonte.

Durante su estudio, Packer y Scheel observaron que, en promedio, las manadas se encontraban cada cuatro a cinco días y que, en la mitad de estas ocasiones, había una persecución, en la que el grupo más grande ganaba casi siempre. Un cuarto de los encuentros ocurría cuando había presas muertas. Si era una presa grande, a veces comían juntas leonas de diferentes manadas y sólo cuando se acababa la mayoría de la carne se ahuyentaban entre sí. Se comportaban más como nómadas: cada animal trataba de comer lo más posible y no perder el tiempo en pelear. Aunque en ocasiones se disputaban la comida, parecía que el objetivo principal de la manada era defender su territorio y las manadas más grandes de hasta diez leonas eran las más exitosas en esta tarea, en criar más cachorros y en vivir más tiempo.

No debe extrañarnos, pues, que las manadas pequeñas como las Hermanas del Pantano —y las integrantes de guarderías— rara vez anduvieran solas. Es demasiado peligroso dividirse, aun si así se obtiene más comida. La capacidad de los leones de resistir largos periodos sin comer —y luego darse un banquete— los ayuda a salir adelante. Si las cosas se ponen muy difíciles, pueden permitirse cazar solos, o ir hacia donde se concentra la migración, y luego volver a toda prisa a su grupo. El hecho de que con las manadas grandes rara vez estén todos reunidos y a menudo se les vea en grupos de tamaño intermedio, de cuatro o cinco individuos —ya sea como grupo de caza o como una guardería formada por

madres—, significa que las manadas pequeñas tienen más oportunidades de defenderse en un enfrentamiento con los dueños de otros territorios. Pero es probable que los grupos de sólo una o dos hembras pierdan su territorio ante manadas vecinas más grandes, por lo que deben vivir una vida seminómada como Renguita y Roja. Las hembras nómadas solitarias pueden estar bien alimentadas la mayor parte del tiempo, pero son más vulnerables al ataque de otros grupos de hembras y su vida es más corta.

En la serie más reciente de *Diario de grandes felinos*, tuvimos un ejemplo claro de los peligros que corre una leona que anda por su cuenta, aunque sea miembro de una manada y no salga de su territorio. Se trataba de una de las leonas de la Manada de la Colina, cuyo territorio abarcaba de la Colina del Rinoceronte hasta la Planicie de Paraíso; en los últimos años, se han extendido a parte del territorio de la Manada del Paraíso, conforme la fortuna ha dejado de sonreírle a esta otrora poderosa manada. Al este se encuentra el territorio de la Manada de las Planicies de los Topis, cuyos machos causaron alguna vez grandes estragos a Cicatriz y a la Manada del Pantano, y a quienes no les disgusta la idea de invadir de vez en cuando el territorio de la Manada de la Colina.

Así como el *lugga* de Bila Shaka es el área central de la Manada del Pantano, el *Kichaka ya Nyoka* (lugar de la serpiente) es el corazón del territorio de la Manada de la Colina. Este *lugga* está flanqueado al oeste por una colina rocosa donde los leones todavía pueden encontrar unos cuantas sitios densamente poblados de arbustos de crotón como lugares de descanso durante el día. El *lugga* y los matorrales de crotón son los sitios favoritos como madrigueras para la Manada de la Colina, y el año anterior Angie y yo nos deleitamos contemplando ahí una guardería de cuatro hembras y sus crías. En aquel momento, otras tres hembras de la manada no tenían cachorros y por su comportamiento era fácil deducir que procedían de diferentes manadas. Ambos grupos tendían a tomar cada cual su camino cuando querían cazar, y rara vez vimos a estas otras hembras con la guardería, excepto quizá cuando un miembro de la manada había cobrado una presa grande.

Estábamos particularmente interesados en los dos machos de gran melena de la Manada de la Colina, y seguíamos sus aventuras desde que abandonaron la Manada de Serena y sus cachorros a medio crecer en el Triángulo del Mara y decidieron unirse a una nueva manada de hembras. Temprano, una mañana hace cuatro años, los machos habían cruzado el río Mara para asumir el control de la Manada de la Colina, y desde entonces habían procreado una numerosa prole con sus nuevas compañeras. Los machos estaban en su plenitud la primera vez que los vimos, pero ahora ya lucían notoriamente deteriorados; al macho más viejo le quedaban unos restos color tabaco de lo que habían sido sus caninos en forma de daga y había perdido casi todos sus incisivos. Estábamos seguros de que había llegado el momento de que los desplazaran machos más jóvenes y vigorosos y, sin embargo, seguían ahí tras haber sobrevivido a la llegada anual de jóvenes nómadas del Serengueti. Pero los machos de las Planicies de los Topis parecían decididos a reclamar todo el territorio que pudieran y era muy posible que obligaran a huir a unos machos viejos como éstos, tal como lo hicieron con Cicatriz.

Cuando iniciamos la filmación, los 13 cachorros de la guardería tenían alrededor de un año, y junto con sus madres aún constituían un grupo muy unido. Mientras tanto, otra de las hembras había parido por *Kichaka ya Nyoka*, pero sólo había sobrevivido un cachorro. Lo bautizamos como Solo y se convirtió en una de las estrellas del programa. Por ser tan pequeño, era fácil que el público lo identificara entre los cachorros más grandes; era el centro de atención de sus hermanos mayores y el protagonista de interminables sesiones de juego. Hubo un suceso que añadió un toque conmovedor a su relato: su madre fue atacada y herida gravemente por los miembros de otra manada, probablemente las hembras de las Planicies de los Topis, a las que ocasionalmente veíamos vagando por *Kichaka ya Nyoka*, muy al oeste de su territorio.

Uno de los problemas que enfrentó la madre de Solo fue que otros miembros de la Manada de la Colina, a la llegada de la migración, se habían ido de *Kichaka ya Nyoka* cuando el cachorrito tenía apenas ocho semanas. Ahora que Solo había empezado a comer carne, tendría que competir con los cachorros mayores si su madre decidía reunirse con la manada. Tal vez por eso ella se obstinó en permanecer en *Kichaka ya Nyoka*. Por su cuenta aún podría encontrar mucha comida para ella y su pequeño, y en más de una ocasión la encontramos con un ñu recién cazado o la vimos al acecho en el fondo del *lugga*, donde no la veían los ñus, hasta que salía disparada en sus propias narices cuando se habían reunido a beber agua. Sin embargo, siempre estaba latente el riesgo de que se topara

Solo, de la Manada de la Colina, a los tres meses. Como único cachorro pequeño de la manada, se volvió objeto de un vivo interés —y de diversión y juegos— para sus hermanos mayores.

Solo era una de las estrellas de la serie más reciente de *Diario de grandes felinos*.
Los cachorros pequeños siempre garantizan una gran actividad social en la manada,
para deleite de los equipos de filmación y de los visitantes.

con otros leones sin nadie que la ayudara y, en efecto, terminó sucediéndole.

La primera vez que vi a la madre de Solo después del ataque ni siquiera la reconocía de lo maltrecha y avejentada que se veía; apenas se podía mantener en pie, ya no digamos caminar, mientras cojeaba de subida y bajada por la Colina del Rinoceronte. Por la tarde, había logrado llegar a una sombra y se había reunido con uno de los machos de la manada. En algún momento, él se le acercó y empezó a lamerla, después se echó a unos metros de ella. Estaría más segura ahí, con la manada. Sus cuartos traseros estaban cubiertos de cortaduras y mordidas, y tenía la cola echa jirones —heridas típicas cuando un grupo de leonas acorrala a una hembra solitaria y logran morderla—. A lo largo de los años, he visto a varios leones con sólo la mitad de la cola o sin la punta, como consecuencia de las feroces peleas con otros leones. Los agresores aplican la misma estrategia que cuando atacan a un búfalo: rodean a su víctima y tienen cuidado de evitar la peligrosa parte delantera. Mientras uno o más leones amenazan a su contrincante desde el frente,

gruñendo y embistiéndolo cabeza a cabeza, los otros se acercan por detrás, cortándole la piel y la carne con sus garras y tratando de morderle la espina dorsal. Cada vez que la leona acorralada se da la vuelta para enfrentar a sus torturadores, es atacada una y otra vez en su parte más vulnerable: el trasero. Por eso, en estas circunstancias, tener compañeros representa una ventaja enorme. Incluso un solo aliado les puede permitir liberarse de la trampa que un grupo puede tenderle a un oponente solitario.

Cómo logró escapar y salvar la vida la madre de Solo, no lo sé. Pero los leones poseen una notable capacidad para curarse, lamiendo sus heridas para mantenerlas limpias, y como era miembro de una manada y no una nómada, podía depender de las presas atrapadas por sus compañeras, lo que le dio la oportunidad de recuperarse. No obstante, no había señales de Solo y todos temimos que hubiera sucedido lo inevitable: que los machos de las Planicies de los Topis o sus hembras lo hubieran matado. Para nuestro gran alivio, lo encontramos por la tarde, cobijado en los arbustos de crotón, no lejos de donde descansaban el macho y su madre.

Cuando estábamos a punto de terminar la filmación de la tercera serie, Solo volvió a desaparecer. Vimos a su madre en camino hacia *Kichaka ya Nyoka*, emitiendo el suave llamado que usan las leonas —un íntimo sonido de "ven acá" destinado a unas orejitas, no el retumbante rugido con el que los leones se comunican a la distancia—. Ya habíamos visto a otras leonas hacer este sonido tras perder a un cachorro en un altercado de algún tipo. Algo debió haber sucedido en la noche muy cerca de donde la madre de Solo lo llamaba en ese momento. Tal vez los machos de las Planicies de los Topis lo habían encontrado y matado.

Era obvio que la madre de Solo estaba afligida: salivaba profusamente y se negaba a abandonar su búsqueda. Era de mañana, ya tarde para que siguiera deambulando por ahí, se notaba acalorada y cansada. Fue y vino varias veces, antes de darse por vencida finalmente y enfilar hacia la Colina del Rinoceronte, al sitio donde descansaban los otros miembros de la manada. De vez en cuando se detenía y rugía, luego se quedaba escuchando. Pero no había respuesta. La seguimos, muy tristes por ese vuelco repentino de los acontecimientos. Siempre supimos que no iba a ser fácil criar a un cachorro solitario en esas circunstancias. La migración había iniciado su éxodo de regreso al Serengueti. Un cachorrito siempre pasará apuros para obtener una parte justa de una presa en épocas difíciles y es muy posible que muera de inanición. Así que no es raro que en ocasiones una leona abandone a un cachorro solo. Por duro que parezca, probablemente sea la mejor estrategia para una madre. Más vale empezar de nuevo y producir otra camada más grande, de ser posible uniéndose para formar parte de una guardería, que batallar para criar a un cachorro único durante largo tiempo y luego fracasar. Ya sean uno o cuatro cachorros, le deben dedicar un año y medio de su vida.

Sin embargo, esta historia tuvo un final feliz. Más tarde, esa misma mañana, encontramos a Solo comiendo de un ñu, con otra de las leonas y su cachorro grande. Después se separó de ellos y se refugió en el largo pasto de un *lugga*. Lucía angustiado y deshidratado; de vez en cuando salía de su escondite y daba vueltas por ahí sin saber qué hacer. No pude evitar preguntarme si no se habría sentido más cómodo y seguro si hubiera tenido compañeros de su edad. Finalmente se fue del *lugga* e hizo lo que era mejor: esperar a que su madre lo encontrara. A veces algún cachorro queda abandonado y su madre nunca vuelve por él, aunque por lo general esto no ocurre con un cachorro en tan buena forma y tan sano como Solo. Pensaba cómo iba a decir a los espectadores de *Diario de grandes felinos* que Solo había desaparecido. Después de pasar diez semanas viéndolo desarrollarse, me había empezado a sentir responsable por su seguridad, aunque sabía que no podíamos hacer nada para intervenir.

Diario de grandes felinos puede parecer una telenovela, pero para los felinos es la vida real, y esto en ocasiones significa una muerte prematura. Por fortuna, ese mismo día, por la tarde, la madre de Solo bajó de su lugar de descanso, la sombra de una gran higuera en la cima de la Colina del Rinoceronte. ¿Se sintió atraída por el ruido de nuestros vehículos, sabiendo que la presencia de vehículos a veces indicaba dónde se reunían otros leones? Tal vez percibió el olor de Solo, o el olor de otros miembros de su manada. Ya había estado ahí más temprano pero, para nuestra gran decepción, se detuvo de pronto y prefirió refugiarse bajo la sombra de un árbol. Tal vez

sabía que Solo estaba por ahí, en algún lugar, y ya no sintió la urgencia de encontrarlo al calor del día, cuando la mayoría de los leones descansan bajo alguna sombra. Los leones tienen un sentido del tiempo distinto al de los humanos. Todos lanzamos un hurra silencioso cuando el cachorrito respondió al suave llamado de contacto de su madre y corrió a su encuentro. La saludó empujándola bajo la barbilla con su cabecita antes de ponerse a mamar. Era como si no hubiera pasado nada.

Solo a los dos meses, descansando con su madre. La habilidad materna varía considerablemente de una leona a otra, aunque con el tiempo todas las leonas de una manada suelen llegar a criar a sus cachorros con el mismo éxito.

Lazos de parentesco

Los ANIMALES que se ayudan más entre sí suelen ser parientes cercanos y se ha dado un amplio reconocimiento a la idea de la selección familiar en el reino animal para explicar el altruismo o el comportamiento de "ayuda". Sin duda, esto parece aplicarse al caso de los leones, aunque consiguen sus objetivos en la vida de maneras bastante distintas a las de la mayoría de otros mamíferos depredadores. Tomemos el ejemplo de las hienas manchadas. Las hembras son más pesadas que los machos y son el sexo dominante en el clan, donde los cachorros hijos de hembras dominantes están destinados a ocupar una alta jerarquía. Suelen estar mejor alimentados que otros cachorros, porque la madre usa su tamaño y su jerarquía para hacerse valer cuando hay presas muertas y tienen precedencia sobre cualquier hiena de menor jerarquía para comer de cualquier cadáver. Sin embargo, a pesar de la jerarquía de dominio, todas las hembras de un clan de hienas manchadas se reproducen.

Una manada de perros salvajes se organiza de un modo un tanto distinto y los machos son ligeramente más grandes que las hembras. Como ocurre con las hienas, ambos sexos están organizados en jerarquías de dominio diferentes, pero ninguno de los sexos es dominante. El macho y la hembra líderes constituyen la pareja dominante o alfa y monopolizan la reproducción de la manada; la hembra dominante pare un promedio de diez cachorros por camada al año (se ha registrado una sola camada de diecinueve cachorros). Los otros adultos renuncian a su oportunidad de reproducirse —a menos que emigren y formen su propia manada— y ayudan a la pareja dominante a criar a los cachorros; esto tiene una lógica genética sólo porque todos los "ayudantes" están emparentados con los cachorros. Por lo general, los machos adultos superan en número a las hembras, por lo menos en proporción de dos a uno, debido a que las hermanas e hijas de la hembra alfa deben emigrar si quieren reproducirse —las hijas siempre se van, con lo que ayudan a evitar la endogamia dentro de la manada.

Entre las leonas no se establecen jerarquías de dominio que restrinjan los derechos

El acicalado mutuo ayuda a retirar las garrapatas de partes del pelaje que los leones no alcanzan por sí solos, además de que contribuye a mantener los lazos entre los miembros de la manada.

Dos de los cachorros de la siguiente camada de Khali, de doce semanas, saludan a Khali (derecha) y a su hija de dos años.

reproductivos a sólo unos cuantos individuos. Al analizar muchos años de registros de reproducción de 560 hembras en 31 manadas que vivieron en el cráter de Ngorongoro y el Serengueti, Craig Packer y sus colaboradores lograron dar seguimiento a todos los cachorros hasta que cumplieron un año e identificar a sus madres. Observaron que, a grandes rasgos, todas las leonas de una manada tenían el mismo éxito en la cría de cachorros. Desde luego, había años en los que unas lo hacían mejor que otras, pero a la larga las cosas se compensaban y todas las leonas tenían la oportunidad de reproducirse. Como Packer señaló: "El principal hallazgo es que las hembras de una manada de leones forman una verdadera comunidad donde no hay jefes y todos son prácticamente iguales". Sería difícil para estos poderosos animales establecer una jerarquía, pues todos los individuos son totalmente capaces de defenderse y responder a una agresión cuando es necesario. Asimismo, cualquier leona que intentara impedir que una parienta se aparee correría el riesgo de provocar la ira de su compañero, quien no dudaría en echar a la hembra entrometida. El hostigamiento

y las peleas constantes no le convienen a la manada.

No obstante, aunque las hembras son democráticas en lo que respecta a la reproducción, y cooperan en la cría de sus hijos, no son precisamente el dechado de virtudes que alguna vez se pensó. No todas las leonas son de corazón valiente cuando se trata de defender su territorio, ni siempre cooperan en la caza. En realidad, parece que, a semejanza de los humanos, los leones a veces engañan a sus compañeros de manada, haciendo el mínimo esfuerzo y ateniéndose a otros para que consigan la comida o se ocupen de repeler a los intrusos.

Con los años, la gente ha especulado sobre el grado en el que los leones cooperan para cazar. Un mito que se desvaneció hace mucho atribuía un papel protagónico al macho en las acciones. En este supuesto, el macho de pronto se aparecía en el momento justo ante un grupo de ñus o cebras —tal vez incluso rugía—, como parte de un plan de caza bien orquestado para que las presas salieran en estampida hacia donde se ocultaban las leonas. Sin embargo, la mayoría de las veces lo que menos desean ver las

leonas es a un macho con una melena del tamaño de un almiar en el centro del escenario, a menos que estén cazando un búfalo. Más bien, las leonas se quedan perplejas preguntándose por qué el blanco de su caza se echa a correr de repente. Desde luego, al macho no le pasa nada si no se conduce con cuidado en tales circunstancias; en buena medida puede hacer lo que le venga en gana, aunque esto signifique arruinar una cacería. De cualquier modo, las hembras matan una presa tarde o temprano, y cuando lo hacen, está seguro de tener algo que comer.

¿Entonces en qué medida las leonas realmente cooperan para tratar de capturar una presa? Cuando una manada de ñus viene a galope hacia un grupo decidido a cazar, muchas veces parece como si cada hembra estuviera simplemente tratando de acercarse lo más posible a la presa y atraparla ella sola. La cooperación parece limitarse a observar lo que hacen las otras cazadoras y ajustar su posición en relación con ellas, para aprovechar al máximo la oportunidad de atrapar una presa, aunque simplemente al abrirse en abanico se puede decir que las leonas están cooperando

A UNQUE TODOS *los miembros de una manada a veces "hacen trampa" dejando que sus compañeros cacen por ellos, también es verdad que ciertos individuos destacan en el grupo por su pericia para enfrentar a ciertas especies de presas o por ser más veloces, más experimentados o más astutos. Con bastante frecuencia son los primeros en acechar una presa cuando se les presenta la oportunidad de cazar, aunque esto también puede depender de cuán hambrientos estén. Lunática, como la llamamos, era un ejemplar así en la Manada del Pantano. Le fascinaba cazar y era asombrosamente eficaz. Cuando Lunática estaba cazando, otros miembros de la manada podían darse el lujo de quedarse observando en vez de participar, aprovechando la destreza de su compañera de manada.*

Filmamos a Lunática hace más de veinte años para un programa de la serie Wildlife on One *de la* BBC-TV *llamado "Ambush at Masai Mara" ["Emboscada en el Masái Mara"]. El libro* The Marsh Lions *[Los leones del pantano], que escribí junto con mi amigo Brian Jackman, estaba a punto de publicarse y el programa daba seguimiento a la historia de la manada por un periodo de tres semanas durante*

la migración. Brian y yo acampamos con el director de documentales sobre la naturaleza Hugh Miles, en el bosque ribereño a orillas del pantano de Musiara. Lunática fue la estrella de esa filmación y nos entretenía y embelesaba con su habilidad para cazar, provocándonos descargas de adrenalina cuando veíamos su elegante cuerpo corriendo a toda velocidad por el largo pasto seco al aproximarse a su presa. Todavía recuerdo la última noche de filmación, en la que Lunática atacó a otro ñu cuando éste cruzaba el lugga de Bila Shaka, en su camino hacia la Planicie del Paraíso y los sitios de cruce del río. Estaba casi oscuro cuando Lunática vio la oportunidad, y en un abrir y cerrar de ojos ya estaba colgada boca abajo, león y ñu unidos en un abrazo mortal. Las poderosas patas delanteras de Lunática rodearon el cuello de su víctima, sofocándola con sus fauces atenazadoras, mientras se preparaba para enterrarle las garras en la carne. Es una de las escenas más memorables que he presenciado. No se escuchó ni un sonido al caer de la noche, mientras se consumía la vida de un animal para alimentar a otro.

y aumentando sus probabilidades de capturar uno o más ñus. Y en ocasiones una leona se mantiene en su posición, como si esperara que una de sus compañeras de manada haga algún movimiento y tal vez le permita emboscar con mayor facilidad a un animal que está huyendo.

De la misma manera, al ver una cacería, resulta muy evidente que hay ocasiones en las que un individuo deja que una compañera de manada tome la iniciativa en vez de unírsele en la acción, para así conservar energía y evitar el riesgo de una lesión —lo que es, en realidad, hacer trampa—. Si la cazadora tiene éxito, el observador sabe que, a menos que se trate de una presa muy pequeña, pertenecer a una manada le da derecho a una parte del botín. Los científicos que participaron en el Proyecto León del Serengueti observaron que es menos probable que los leones se ayuden en situaciones en las que es probable que sus compañeros de manada tengan éxito para cazar solos, por ejemplo, cuando el objeto de su acecho es un jabalí o un ñu. Pero cuando el blanco es una presa más poderosa, como una cebra o un búfalo, entonces la ayuda aumenta las oportunidades de una caza exitosa, y en esas circunstancias es más probable que los leones colaboren. Las cebras, en particular los machos, son criaturas muy fuertes que pueden

patear con la ferocidad de un caballo salvaje y cercenar de una mordida el brazo de un humano. Arremeterán con sus afiladas pezuñas contra una leona que trate de atraparlos por la grupa, a veces dejándola con la mandíbula rota y la perspectiva de una muerte lenta. Pero

si dos leonas cooperan para cazar una cebra, tienen mayores probabilidades de someterla y derribarla, por más vigorosa que sea su resistencia. Una presa de ese tamaño les dará de comer por dos o tres días, si no hay demasiadas hienas por ahí a las que deban repeler.

Los leones tienen una cara muy expresiva, con negros labios que enmarcan su poderosa dentadura. Esta leona enseña los dientes en actitud de amenaza defensiva, para decir a los cachorros que dejen de molestarla o advertir a otro adulto que no se le acerque.

Un cachorro de cinco a seis meses de la Manada de la Colina practica una mordida asesina con un cadáver de topi. Los leones tienen un largo periodo de dependencia y aún a los dos años de edad pueden ser cazadores torpes e inexpertos.

Sin duda, uno esperaría que las hembras más viejas fueran más hábiles que sus parientas más jóvenes en el terreno de la caza, aunque todos los gatos desde su más tierna edad poseen la habilidad innata de acechar, agazaparse, abalanzarse y morder. Al acompañar a los adultos, los leones jóvenes van aprendiendo poco a poco qué cazar, después de diversas aventuras en las que persiguen elefantes e hipopótamos o mangostas y civetas. También adquieren experiencia sobre cómo someter a los diferentes tipos de presa y perfeccionar la mordida asesina en la garganta o el hocico, algo que tardan en dominar. Las hembras jóvenes se dan el lujo de afinar sus habilidades para la caza cobijadas por su manada, a menos que las expulsen como subadultas. Y los machos jóvenes que abandonan su manada natal en el momento de una toma son afortunados si sus hermanas o primas son desalojadas junto con ellos, pues se beneficiarán de la habilidad superior de las leonas para cazar mientras estén con ellas.

Muchas veces me he preguntado si las leonas no se ven obligadas a alcanzar nuevas cotas en sus habilidades para la caza simplemente para sobrevivir; huelga decir que no se pueden dar el lujo de hacer trampa. En ocasiones, los grupos grandes pueden terminar en desventaja porque sus miembros se niegan a cooperar en la captura de presas. Pero los leones adaptan sus necesidades de acuerdo con las circunstancias y las manadas pueden adoptar distintas estrategias de acuerdo con las fortalezas y las habilidades de cada uno de sus miembros y las condiciones para cazar una presa en particular. En el Parque Nacional de Etosha, Namibia, donde las gacelas saltarinas representan una importante, aunque huidiza, presa para los leones, las manadas cooperan en mayor medida de lo que suele ocurrir en el Serengueti. El terreno plano y abierto de esta región semiárida favorece a la gacela saltarina y los leones sólo tienen oportunidad de atrapar a estos raudos antílopes si colaboran. Las leonas se distribuyen en posiciones estratégicas, algunas se mueven formando un ancho arco para flanquear a su presa, mientras que otras esperan a que el resto corra hacia el frente y atrapan a las gacelas cuando éstas intentan huir. Una caza es más exitosa cuando todas las leonas tienen tiempo de ocupar sus posiciones.

Siendo tan crucial el parentesco en lo que ahora se piensa que configuró la sociedad de los leones, resultaron sorpresivos los hallazgos de una joven pareja de estadounidenses, Mark y Delia Owens, que parecían contradecir esta hipótesis. Sus observaciones de leones en la Reserva de Caza del Kalahari Central, Botswana, pintaban un cuadro muy distinto de la vida en la manada del que se había vuelto tan conocido por el Serengueti. La mayor sorpresa fue que parecía que las leonas del Kalahari que estaban estudiando cambiaban de manada —y de territorios de manada— a menudo durante la temporada seca. En su libro *El llamado del Kalahari*, los Owens dicen:

A pesar de sus largos caninos, es frecuente que los leones no logren penetrar con ellos la gruesa piel de los ñus, de 1 cm de espesor, por lo que éstos mueren por estrangulación y no de una hemorragia.

Sin excepción, todas las leonas que seguíamos se asociaban con miembros de diferentes manadas. La cohesión y la estructura de la manada, algo tan permanente y fundamental para las organizaciones sociales de leones del Serengueti, se había desintegrado temporalmente en la población del Kalahari. Era un asombroso ejemplo de la manera en que las especies pueden ajustar su sistema social a ambientes extremos.

Ya no podíamos estar seguros de que las hembras de una manada estuvieran emparentadas: era imposible conocer los orígenes familiares de las más viejas, a quienes no habíamos observado desde su nacimiento. Siempre pensamos que Chary, la más vieja, había crecido en la Manada Azul, pero tal vez nació y se crió en la Manada del Este. Y no podíamos determinar la paternidad de los cachorros nacidos en estas condiciones, pues las hembras de la Manada Azul se aparearon con machos de cuatro manadas diferentes.

En la época de lluvias, los leones del Kalahari se comportaban como la mayoría de sus congéneres, aferrándose tenazmente a territorios que mantenían vigilados y donde más abundaban las presas. Pero al llegar la temporada seca, se dispersaban mucho y vagaban por áreas enormes como una manera de afrontar el escaso e impredecible abasto de alimento de la región. Podían sobrevivir por tiempo indefinido sin agua, conservando la humedad mediante la adopción de una existencia nocturna y el consumo de la sangre y los fluidos corporales de sus presas.

La forma de vida más nómada de los leones del Kalahari es comparable a lo que hacen los perros salvajes del Serengueti con las presas dispersas y muy alejadas. Deben peinar áreas enormes —de hasta 2 000 km^2— a causa del estilo de vida migratorio de las principales especies que cazan en esta región: las manadas errantes de gacelas de Thomson y ñus. Por muchos años, se consideró que el Serengueti era un excelente hábitat para los perros salvajes, en parte porque los perros eran tan visibles en las planicies y llamaban la atención de numerosos grupos de filmación. Pero cuando se empezó a investigar a los perros salvajes en hábitats boscosos y regiones de matorrales, como en el Kruger, Sudáfrica, donde abundan las presas residentes, como los impalas y los kudúes, se descubrió que los perros necesitaban áreas de distribución de sólo 500 a 800 km^2 —menos de la mitad de lo que requerían las manadas de las planicies del Serengueti—. La manera en que el abasto de alimento puede afectar el comportamiento de un animal también se hizo aparente de otras formas. Normalmente, como hemos visto, sólo se reproduce la hembra dominante de cada manada de perros salvajes. Si una segunda hembra pare, por lo general la hembra dominante intenta tomar el control de los cachorros o los puede matar, en particular si escasea la comida. No obstante, en los bosques, donde abundan las presas, algunas veces más de una hembra logra reproducirse sin antagonismo. Cierta flexibilidad en el repertorio conductual de una especie tiene un valor de supervivencia para la población y el individuo, pues les permite a ambos aumentar al máximo las oportunidades de reproducirse cuando prevalecen las condiciones más favorables. Los cachorros de perro salvaje pueden seguir a sus parientes adultos cuando cumplen tres meses, momento en el que la manada puede retomar su modo de vida nómada. Sin embargo, para un león simplemente no funciona criar cachorros mientras recorre distancias tan grandes.

Los Owens descubrieron que las nueve hembras de la Manada Azul —la manada local— aumentaban su área de distribución 450%, de 700 km^2 en la temporada de lluvias a más de 3 885 km^2 en los meses de sequía; la

Al cazar en grupo, los perros salvajes pueden atrapar animales del tamaño de un ñu adulto, que llega a pesar hasta 270 kg, en comparación con los 20 a 25 kg de un perro.

Los elefantes constituyen una enorme fuerza de cambio en cualquier medio ambiente, pues abren los bosques y con el tiempo modifican el equilibrio entre bosques y pastizales.

Manada de la Cuenca de las Gacelas Saltarinas expandía su territorio 650%. Los leones de las planicies del Serengueti, donde la mayoría lleva una existencia nómada, enfrentan problemas similares para encontrar suficiente comida todo el año y formar manadas. Los leones del Kalahari muchas veces se veían delgados en la prolongada temporada seca; era raro que hubiera suficiente comida para permitir a las leonas la permanencia en manadas grandes y no tenía sentido que trataran de defender un territorio de miles de kilómetros cuadrados. En circunstancias tan difíciles, la supervivencia de los cachorros era mínima. En algunas partes del Kalahari, la densidad de población de los leones es diez veces menor que en el Serengueti y el Kruger. La clave en todo esto es la lluvia. En los lugres donde la lluvia está mejor distribuida, como el Mara y partes del Serengueti, las presas se consiguen con mayor facilidad todo el año y los leones pueden darse el lujo de tener una considerable lealtad al lugar.

Más recientemente, Paul Funston llevó a cabo un estudio sobre los leones del Kalahari en el recién proclamado Parque Transfronterizo de Kgalagadi, una vasta zona de dunas semidesérticas intercalada con valles de dunas cubiertas de vegetación y lechos de ríos secos que abarca territorio de Botswana, Namibia y Sudáfrica. Funston observó que los leones que vivían en las dunas semidesérticas a menudo formaban manadas grandes, pero pasaban mucho tiempo como subgrupos cambiantes. Cuando los hallaban, estos grupos más pequeños cazaban órix, un antílope lo suficientemente grande para alimentarlos varios días. De lo contrario, subsistían a base de animales más pequeños como antílopes pequeños denominados rafíceros, liebres saltadoras, puerco espines y osos hormigueros. Tal vez parte de lo que los Owens vieron en el Kalahari, cuando los "no parientes" se reunían para formar manadas, eran en realidad subgrupos que habían pasado tiempo fuera de su manada y luego se volvían a incorporar cuando las condiciones eran mejores o cuando sus cachorros se habían vuelto independientes. Aunque los leones del Serengueti y el Mara parecen muy renuentes a agruparse de nuevo con parientes si han estado separados mucho tiempo, es muy posible que esto suceda en ambientes más extremos como el Kalahari,

donde estas divisiones ocurren regularmente y ninguno de los leones puede permanecer todo el año en grupos grandes en un territorio restringido. Es preferible, con creces, reintegrarse con los parientes si se puede en vez de establecer relaciones con no parientes.

Un hecho indiscutible es que bajo los rigores de los ambientes semidesérticos es más difícil para las hembras criar a sus cachorros. El hambre es una importante causa de muerte en la mayoría de las poblaciones de leones; en el Serengueti representa 25% de las muertes de cachorros. En el Kalahari no es raro que ninguna de las camadas sobreviva o que una hembra se vea obligada a abandonar a sus cachorros durante la temporada seca. La vida para los subadultos es casi igual de dura —Funston descubrió que hasta 70% de los machos subadultos moría después de tener que abandonar a su manada, sobre todo de hambre—. Establecerse por cuenta propia, cuando se es relativamente inexperto, siempre será complicado, pero al menos en el Serengueti y el Kruger estos jóvenes machos sobreviven a menudo agrupándose para cazar animales grandes como los búfalos. Sin embargo, los búfalos son particularmente vulnerables a las sequías, así que no los hay en el Kalahari. Muchas veces los jóvenes leones machos salen del parque en una búsqueda desesperada de comida, y entran en conflicto con los dueños de ganado, quienes los matan a tiros. Durante el estudio de los Owens, más de 30% de todos los leones a los que habían marcado con aretes o puesto un collar transmisor fueron víctimas de cazadores profesionales, cazadores furtivos o dueños de ganado. Las leonas jóvenes parecían más hábiles que los machos para sobrevivir: pueden atrapar presas pequeñas con mayor facilidad y con frecuencia permanecen lo más posible en el territorio en el que nacieron.

En épocas favorables para el nacimiento de cachorros, Funston descubrió que en las camadas había casi el doble de machos que de hembras, lo que se considera una manera de compensar la mayor mortalidad entre los machos subadultos: normalmente la proporción de sexos al nacer es de 1:1. Funston fue testigo de lo difícil que puede ser la vida para los leones. Durante varias semanas dio seguimiento a una leona con siete cachorros grandes (algunos de ellos hijos de parientas que habían sido baleadas). Fue una lucha desesperada por sobrevivir cuando la leona se desgarró los ligamentos de la pata trasera tratando de atacar sola a un órix grande. Imposibilitada para cazar, el grupo pudo comer muy poco durante seis semanas. En algún momento la leona logró reunirse con tres parientes más jóvenes con cachorros pequeños y, gracias a su perseverancia, logró superar su agresión inicial. Pero la competencia por la comida entre dos grupos con cachorros de diferentes edades hacía que el trato simplemente fuera inviable y las leonas más jóvenes se retiraron para asegurarse de que sus tres cachorros pequeños sobrevivieran. A la larga, la leona más vieja y los cachorros más grandes murieron de hambre.

Como señala Funston, uno de los beneficios de los subgrupos es que "en caso de que le disparen a un subgrupo si se aventura a salir del parque, sólo se pierde una parte de la manada". También descubrió que la población de leones del Parque Transfronterizo de Kgalagadi era más grande de lo que se pensaba, con 450 leones

en dieciocho manadas, una población no muy distinta en tamaño a la del Masái Mara, salvo que el Mara tiene una extensión de 1510 km² y el Kgalagadi una de 36000 km². Aunque los cazadores de trofeos y los dueños de ganado matan a varios leones cada año, Funston considera que la población es lo bastante grande como para sustentar las bajas actuales.

El grado de flexibilidad del comportamiento del león se ha observado mediante un novedoso experimento de reubicación realizado en la Reserva de Recursos de Phinda, en Sudáfrica.

Ante la reducción a un ritmo alarmante de los hábitats adecuados para los leones, resulta alentador saber que en algunas partes de África hay tentativas de recuperar tierras agrícolas y volverlas a poblar de fauna salvaje. No hay duda en cuanto a que en muchos casos la vida salvaje es la mejor forma de aprovechamiento del suelo, en particular en áreas marginales donde la búsqueda de una ganancia a corto plazo a menudo causa la degradación del hábitat y el empobrecimiento de la población humana del lugar. En términos generales, la vida salvaje está

A principios del siglo XX, la población sureña de rinocerontes blancos prácticamente había sido exterminada y sólo unos cuantos cientos sobrevivían en Sudáfrica. Gracias a la entregada labor de algunos conservacionistas ahora su número asciende a 11000.

mucho más adaptada a los ciclos de sequía y lluvias que el ganado o los cultivos comerciales. Además, el turismo basado en la vida salvaje tiene un enorme potencial en muchas partes de África y es la razón por la que muchos pobladores abandonan la cría de ganado y la agricultura por el dinero que les puede dejar la vida salvaje.

Phinda es un santuario de propiedad privada de 180 km², a unos 300 km al norte de Durban, en la planicie costera de Maputaland. Hace no mucho tiempo, ésta era una región ganadera, donde lo normal era ver ganado y cercas de alambre de púas. Hoy han sido reemplazados por miles de ñus, cebras, jirafas y otros ungulados. También hay elefantes y rinocerontes blancos, todo lo que había aquí antes de la época colonial, incluidos leones, leopardos y guepardos. Hace apenas cincuenta años, aquí florecían los grandes felinos, antes de que los ganaderos y los agricultores los exterminaran.

Cuando se decidió reintroducir a grandes

depredadores en Phinda, los propietarios de tierras que lindaban con la reserva se sintieron preocupados, como era natural, por la posibilidad de encontrar de pronto leones a la puerta de su casa. Proyectos similares en otros lugares de África no habían tenido mucho éxito y muchos grandes felinos murieron baleados cuando entraban en tierras privadas. Para tratar de evitar que esto ocurriera en Phinda, se colocó un radio collar a los leones y los guepardos liberados ahí para asegurarse de que el personal siempre supiera dónde estaban y pudiera informar a las comunidades locales. Se nombró a Luke Hunter, joven zoólogo australiano, coordinador del programa de reintroducción y supervisión de los movimientos de los felinos.

La mayoría de los felinos se apegan mucho al área en la que habitan, y tal vez hayan pasado ahí toda su vida. Por consiguiente, no es extraño que cuando se reubica a un leopardo agresor de ganado, por ejemplo, lo primero que haga sea tratar de volver a casa, aunque esto

suponga un viaje de muchos kilómetros. Antes, se liberaba a los grandes felinos en cuanto llegaban a su nuevo hogar —procedimiento conocido como "liberación dura", repentina—. No debía sorprender a nadie que enfilaran directamente de regreso a su antiguo hogar o no se les volviera a ver nunca. Considerando esto, en Phinda se probó algo distinto: se dejó que los leones se asentaran en un área cercada más grande por unas ocho semanas. Ahí podían acostumbrarse al lugar, a los sonidos y los paisajes de los alrededores, al ambiente propio de cada área. Nunca antes se había intentado el método de "liberación suave", paulatina, con grandes felinos, pero funcionó.

Lograr que los leones se adaptaran a su nuevo hogar fue sólo uno de los problemas que enfrentaron Hunter y su equipo. La mayoría de los leones candidatos a reintroducción son animales solitarios o pequeños grupos que han salido de áreas protegidas y es necesario reubicar. En consecuencia, Hunter no contaba con una manada de leones ya formada que pudiera liberar en la reserva, sino que tuvo que armar una manada a medida que había leones disponibles. Eso significaba romper toda las reglas de la sociedad de los leones y mezclar a parientes con no parientes. Pero poner en contacto a los individuos paulatinamente, permitió que se habituaran a los extraños y forjaran los lazos necesarios para la vida en manada, tal y como a veces ocurre cuando los machos nómadas establecen poco a poco una asociación con no parientes ante una presa atrapada o en algún otro lugar en sus recorridos y terminan formando una coalición de por vida.

Para gran deleite y alivio de Hunter, cuando se liberó a los primeros 13 leones, las leonas adultas mantuvieron sus alianzas hechas en casa con no parientes y se comportaron como si hubieran nacido y crecido juntas: amamantaban a los cachorros de unas y otras y se ayudaban para defender su territorio de otros leones. Los leones pronto establecieron territorios de alrededor de 100 km², lo que es comparable a un territorio de leones de tamaño promedio en un hábitat similar en otras partes del sur de África. Al principio, la aparición repentina de grandes depredadores tomó por sorpresa a

Dos de las leonas del pantano juegan a pelear. Las leonas pelean para defender su territorio contra otros grupos de leonas.

Khali disuade con delicadeza a uno de sus cachorros de tratar de mamar. Es más probable que una leona con una camada pequeña acepte amamantar a otros cachorros.

las especies presa, lo que tuvo como resultado que los leones cazaran fácilmente y pudieran cobrar múltiples presas. Sin embargo, al cabo del primer año, los animales presa habían aumentado el tiempo que dedicaban a la vigilancia en alrededor de 200%, y se estableció una relación más equilibrada entre depredadores y presas.

Uno de los mayores retos que enfrentaba el programa de reintroducción era la gran escasez de leones machos adultos disponibles para

reubicación. Todos los machos introducidos no tenían más de 18 a 24 meses, apenas suficiente para que, en circunstancias normales, abandonaran su manada. Aunque los machos pueden ser maduros sexualmente y capaces de producir esperma a los 26 meses, normalmente no tienen la oportunidad de reproducirse sino hasta los cuatro o cinco años de edad; mientras tanto, vagan como nómadas hasta que son lo bastante grandes para desafiar a los dueños de un territorio. Machos tan jóvenes como

los de Phinda no tendrían oportunidad de defenderse en disputas con machos plenamente desarrollados. Los atacarían y ahuyentarían. Pero como lo demostró el programa de Phinda, es el comportamiento más que la fisiología lo que determina el momento de la reproducción.

No sólo son los machos adultos los que impiden que los machos jóvenes se queden en su manada natal. Las leonas adultas suelen mostrar una particular intolerancia hacia los machos jóvenes —aunque sean sus hijos o sobrinos— cuando paren una nueva camada a la cual deben sustentar; dejan de lado cualquier otra cosa y encontrar comida para la nueva generación se vuelve su prioridad. Sin embargo, cuando se liberó a los primeros leones en Phinda, no había machos adultos y las leonas no tenían cachorros. Así que a la edad de 21 meses los jóvenes machos de Phinda se volvieron los consortes de las leonas adultas y unos meses después, cuando empezaron a producir esperma, sus esfuerzos para impregnar a las hembras rindieron sus frutos. Se comportaban justo como machos completamente adultos y pronto empezaron a dominar a las hembras cuando éstas atrapaban una presa y no se esforzaban mucho por cazar por su cuenta.

Muchas especies muestran este tipo de comportamiento precoz, como se le conoce, cuando se les ofrece un nuevo ambiente. Es la manera en que la naturaleza llena un vacío, permitiendo que las especies se reproduzcan rápidamente hasta cubrir la capacidad del hábitat para sustentarlas. Cuando, en los años cincuenta, los servicios veterinarios erradicaron la peste bovina (una forma viral de sarampión bovino) de la población de ganado que vivía alrededor del Serengueti y el Mara, la población de ñus se disparó de 200 000 animales en los años sesenta a más de un millón a finales de los setenta. Las hembras jóvenes de ñu, que normalmente tienen su primera cría a los tres años, empezaron a reproducirse a los dos años. La naturaleza tiene una notable capacidad para repoblar un área si se le deja actuar.

Hunter observó cómo estos grupos de jóvenes leones machos vigilaban agresivamente sus territorios o trataban de extenderse a otros en búsqueda de derechos reproductivos con las leonas. Marcaban con su olor y rugían; patrullaban sus territorios y peleaban por ellos cuando tenían que hacerlo. Una coalición de jóvenes machos, en aquel momento menores de tres años, incluso cometió un infanticidio cuando tomó un nuevo territorio y mató a las dos primeras camadas de cachorros nacidos en Phinda. Pero las pérdidas se compensaban gracias a la capacidad de las leonas para reproducirse rápidamente y por el hecho de que, en Phinda, las leonas empezaban a aparearse a los dos años y concebían a los 32 meses, mucho más jóvenes de lo normal. Con abundancia de presas, un gran espacio y bajos niveles de competencia, los leones gozaban de las condiciones ideales para que su población floreciera en aquellos primeros días y la carrera de la reproducción alcanzó su cúspide. Ésa es la vida menos estresante para los leones y, sin duda, todos esos factores se combinaron para que la reintroducción tuviera tanto éxito en sus primeras y cruciales etapas.

Los humanos representaron el principal problema. En los primeros cinco años de su liberación, cinco leones y dos guepardos murieron en trampas de alambre en Phinda. La pérdida de machos de una manada, por el motivo que sea, abre la puerta para las tomas de manada, y se perdieron cinco cachorros como consecuencia indirecta de las trampas. Para 1999 se habían hecho al menos diez intentos por restablecer poblaciones de leones en áreas de Sudáfrica de las que habían sido erradicados, desde parques nacionales hasta reservas en cooperativa en las que participaban propietarios privados y comunidades rurales. Parte del éxito ha dependido de la inclusión de medidas contra la caza furtiva y programas de divulgación para sensibilizar a las comunidades locales sobre la conservación de la vida salvaje. Sólo si las comunidades locales reciben algún beneficio de la conservación estas tentativas tendrán éxito a largo plazo.

A pesar de lo alentador de estos esfuerzos para asegurar el futuro de los grandes felinos africanos, áreas pequeñas como Phinda, y los parques nacionales de Nakuru o Nairobi en Kenia, enfrentan problemas inherentes a su tamaño. Aunque son mucho más que grandes zoológicos, su pequeñez puede ocasionar una escalada de agresión entre los felinos residentes y una mayor emigración. Y cuando aparecen enfermedades epidémicas, una población reducida puede quedar diezmada. Phinda aún puede resolver el problema de falta de espacio mediante una iniciativa apoyada por el gobierno, propietarios privados y comunidades locales, que han destinado un total de 3 000 km² —el doble de la extensión

La hija de dos años de Khali pasaba mucho tiempo con sus hermanos más pequeños, a menudo los encontrábamos retozando temprano por la mañana.

Los cachorros pequeños son muy traviesos, y se sienten sumamente seguros junto a sus compañeros de manada más grandes. Teniendo cerca a protectores tan impresionantes, los pequeños se pueden dar el lujo de dedicarse a jugar y retozar.

Aun las zonas protegidas del tamaño de Kruger —una enorme extensión de *bushveld* silvestre en forma de cuña, más grande incluso que el Serengueti—, que alberga a una de las poblaciones de leones más grandes de África, han luchado por años tratando de encontrar un balance entre los depredadores y sus presas, aunque esto nos deja valiosas enseñanzas, pues cada vez se vuelven más necesarias tanto la gestión de las áreas de vida salvaje como la regulación artificial de las poblaciones.

Butch Smuts escribió un libro fascinante llamado *Lion* [El león], en el que habla de su trabajo en Kruger en los años setenta. Smuts fue uno de los primeros en usar la técnica del llamado para contar leones, colocando estaciones de grabación en puntos estratégicos y reproduciendo los sonidos que hacen las hienas con una presa. Él había estudiado la ecología de las cebras antes de iniciar su trabajo con los leones, en un momento en el que las oscilaciones en los números de ñus y cebras eran motivo de preocupación. Había una elevada población de ambas especies luego de varios años de sequía y se les sacrificó con objeto de reducir el sobrepastoreo. El ciclo se invirtió en los años setenta, cuando las lluvias fueron superiores al promedio, lo que permitió que el número de búfalos, especie dominante entre las que pacen, se disparara, mientras que el de ñus y cebras disminuía. Aunque su sacrificio se interrumpió en 1974, las poblaciones de ñus y cebras siguieron mermándose y se cayó en la cuenta de que estaban interviniendo otros factores: en particular, los leones. Smuts logró demostrar que las zonas con el mayor número de leones también presentaban la más grande tasa de mortalidad entre las crías de cebra, y que los leones eran importantes para regular las poblaciones de cebras y ñus. Con la intención de reducir la depredación de estas dos especies y de proteger a los topis y a los antílopes sable, ambos raros en el Kruger, se sacrificó a 335 leones de las tres áreas del distrito central de Kruger.

Por desgracia, a causa de las restricciones de la fiebre aftosa, no fue posible reubicar a ninguno de esos leones. Aun cuando ya se había erradicado la enfermedad, se debía

del Masái Mara— al establecimiento de un parque contiguo. Más espacio significaría que el número de felinos se elevaría; esto ayudaría a resolver otro de los problemas que enfrentan las poblaciones aisladas: la endogamia y todas sus repercusiones, es decir, una infertilidad superior al promedio y una inmunidad inferior al promedio, lo que aumenta el riesgo de que una enfermedad epidémica ponga en peligro a toda la población. Como dice Luke Hunter: "Algunos críticos consideran que este tipo de gestión activa constituye una interferencia injustificada. Pero en un mundo donde las poblaciones de vida salvaje son cada vez más reducidas y fragmentadas, rara vez nos podemos dar el lujo de 'dejar que la naturaleza siga su curso'. La planeación, la manipulación y la gestión fueron componentes esenciales del programa de Phinda. Combinados ofrecen una nueva esperanza para los grandes felinos y quizá representen el futuro de la conservación en África".

La Manada de las Planicies de los Topis jugando. Las manadas grandes tienen más éxito en la defensa de su territorio y la cría de cachorros, y las leonas que pertenecen a ellas viven más que las hembras solitarias.

mantener un territorio, en vez de permanecer en grupos más pequeños (o por su cuenta) como nómadas. La ausencia de rugidos, de marcas de olor y de otros leones pronto revelaba si una zona era segura para los recién llegados. Smuts llegó a la conclusión de que eliminar un gran número de manadas de una zona provocaba un influjo de forasteros de tierras distantes, lo cual ocasionaba una mayor perturbación y un menor éxito reproductivo. El sacrificio selectivo era una mejor solución. Cuando sólo se pierden unos individuos de las manadas vecinas o sólo se elimina una manada a la vez, se crean vacíos

seguir sacrificando a los leones. Al examinar los cuerpos, fue posible determinar qué especies habían estado cazando los leones: principalmente impalas, seguidos por ñus, jirafas, cebras y, por último, jabalíes. Ahora la pregunta era si los leones continuarían menguando la población de ñus y cebras, o buscarían otras presas. En aquella época los leones seguían cazando ñus aunque su número era reducido.

Este hallazgo hizo recordar elementos del estudio de Judith Rudnai sobre los leones del Parque de Nairobi, motivado en parte por las preocupaciones acerca del impacto que estaban teniendo los leones en la población de ñus. La cantidad de ñus se había desplomado a raíz de la devastadora sequía de 1960; sin embargo, los leones seguían prefiriendo los ñus a otras especies y se temía que quedaran exterminados. De modo que la administración del parque se sintió aliviada cuando los leones pusieron los ojos en los alcélafos de Coke, y aunque no abandonaron su afición a los ñus, esta especie empezó a constituir una parte menos desproporcionada de su dieta. De hecho, la población de ñus aumentó en la época del estudio de Rudnai.

Más recientemente, con la explosión demográfica humana alrededor del Parque de Nairobi, la caza ilegal para obtener carne se ha

vuelto un modo de vida para algunas personas. El número de ñus y cebras que migran al parque durante la temporada seca procedentes de las llanuras del sur ha disminuido radicalmente, lo que ha obligado a algunos de los leones a salir en busca de alimento y, de manera inevitable, ha ocasionado conflictos con los propietarios de ganado. Como resultado, la población de leones se ha reducido casi a la mitad y cada vez levantan más la voz quienes quieren ver cercado el corredor de Kitengela para mantener a los animales dentro del parque, y a la gente fuera.

En el Kruger, para gran sorpresa de Smuts, la población de leones había casi recuperado sus niveles anteriores 17 meses después; aunque algunos de los grupos aún no se habían establecido, prestaban poca atención a las fronteras territoriales y viajaban mucho, en un estilo de vida similar en muchos sentidos al de los leones nómadas. En ocasiones, los miembros de grupos no emparentados se alimentaban de carnadas y después de pelear un poco al principio, se ponían a comer tranquilamente como si pertenecieran a la misma manada; en dos casos leones subadultos originarios de diferentes manadas formaron un nuevo grupo independiente. Ésa parecía la mejor opción para los leones jóvenes si querían menos evidentes. Esto trae consigo una menor incursión de leones nuevos, o la llegada de un solo grupo a una zona vacante. Por lo general, suelen ser grupos estables de una manada vecina, que simplemente amplían su área de distribución; además, la reproducción parece ser más exitosa.

Los subadultos, en particular los machos, se sienten atraídos hacia los vacíos creados por el sacrificio, los cazadores de trofeos o las enfermedades. Esto es de esperarse, pues los subadultos conforman el núcleo de nuevas manadas y siempre están a la caza de zonas desocupadas donde establecerse. La capacidad

de los leones para repoblar sin tardanza una zona obedece en parte a su breve periodo de gestación y en parte al hecho de que, en los lugares donde se ha sustraído artificialmente a los leones, aumenta la supervivencia de los cachorros debido a la menor competencia. Los leones que han sufrido persecución se vuelven mucho más tímidos y cautelosos, se ocultan durante el día y sólo salen al anochecer.

En retrospectiva, Smuts opinó que el experimento del sacrificio no había tenido éxito en cuanto a su objetivo principal, que era reducir la depredación de ciertas especies presa.

Habría sido necesario el sacrificio de muchos más leones para reducir considerablemente su población. Él habría preferido, con creces, dejar que la naturaleza siguiera su curso y que los depredadores y las presas se estabilizaran por sí solos, retomando el sentir expresado setenta años antes por el primer guarda del Kruger, James Stevenson-Hamilton. Sin embargo, como la disminución de la cantidad de ñus y cebras se había exacerbado a causa de sacrificios anteriores, voces más poderosas consideraron justo que el hombre intentara entonces dar una mano.

A diferencia de los ñus, las cebras viven en unidades familiares conformadas por un macho y hasta cinco o seis hembras con sus crías. Estos grupos familiares conservan su identidad cuando migran en grandes manadas.

A merced del ser humano

Hay quienes pueden vivir sin lo silvestre y otros que no pueden vivir sin ello. Como los vientos y los atardeceres, lo silvestre se daba por hecho hasta que el progreso empezó a destruirlo. Ahora nos enfrentamos a la pregunta de si un "nivel de vida" aún más alto vale tanto cuando el costo es lo natural, silvestre y libre.

Aldo Leopold, *Almanaque del condado arenoso*

CONTRARIAMENTE a las preocupaciones de los primeros guardas de los parques, los depredadores han demostrado ser los mejores administradores de caza, pues ayudan a mantener las poblaciones de presas sanas al eliminar a los enfermos y los viejos, y atenuar el efecto de las severas fluctuaciones en las poblaciones que, de otra manera, dañarían el medio ambiente. A pesar de esto, la principal amenaza para los leones sigue siendo el ser humano. En los últimos cincuenta años, la población humana ha aumentado más del doble, a casi 6 000 millones. Se calcula que para 2025 habrá llegado a los 8 500 millones y se estabilizará en alrededor de 11 600 millones en 2200 —cuando habrá alrededor de 90 personas por km^2—. En nuestro mundo sobrepoblado, hay poco espacio para los leones salvajes.

La demanda creciente de tierras para cultivo y cría de ganado está destruyendo lo último que queda de la vida salvaje. En los parques nacionales de Indonesia se talan antiguos

Las leonas protegen ferozmente a sus cachorros y atacarán a un ser humano que vaya a pie si se sienten importunadas.

La **Manada del Pantano** comiendo un ñu al borde del pantano de Musiara, cerca de donde está oculto el campamento de *Diario de grandes felinos*, entre la vegetación ribereña.

árboles de madera dura para satisfacer la demanda de maderas exóticas en Europa y América del Norte, lo que despoja a uno de nuestros parientes más cercanos, el orangután, de su hábitat. El gobierno estadounidense, lejos de poner el ejemplo al resto del mundo, se niega a firmar el Protocolo de Kioto para contribuir a la protección de nuestro medio ambiente y, en cambio, propone llevar a cabo perforaciones petroleras en la reserva de vida salvaje del Ártico, lugar de una de las últimas grandes migraciones animales, formada por más de 130 000 caribúes. ¿Cómo va a desempeñar un papel eficaz el mundo desarrollado —que consume la mayor parte de los recursos naturales del planeta— para ayudar a las naciones más pobres a preservar su legado de vida salvaje estando tan comprometido con las grandes empresas y dejándose llevar por un egoísmo tan perverso?

Desde 1872, cuando el presidente Ulysses S. Grant firmó la iniciativa de ley para establecer Yellowstone —el primer parque nacional del mundo—, los conservacionistas se han visto obligados a reinventarse constantemente en aras de rescatar un fragmento de nuestro pasado. Muchos de los parques y las reservas de África se establecieron en épocas coloniales. Si se consideraba que unas tierras eran de poco valor para la agricultura, entonces se destinaban a proteger la vida salvaje, sin importar si las fronteras se trazaban o no en el lugar adecuado; del mismo modo en que las potencias coloniales forjaron imperios sin considerar siquiera las afinidades tribales de los habitantes. Aunque los gobiernos que las establecieron tal vez no hayan hecho más que defender un ideal de dientes para afuera, las reservas de fauna y de la naturaleza tenían la intención de ser

permanentes, un sitio donde los animales siempre estarían seguros, donde se detendría el desarrollo y se reubicaría a los lugareños por el bien de la vida salvaje. Sin embargo, expulsados de sus antiguos terrenos de caza, los cazadores tradicionales se sintieron despojados de esas tierras y vieron a las autoridades de los parques como sus enemigos. Para tratar de limitar la caza furtiva, las potencias que dirigían los parques se conducían como si se tratara de operaciones militares, adoptando una mentalidad de fortaleza. Pero los gobiernos coloniales eran reacios a aportar recursos financieros y los guardas y vigilantes tenían que hacer un trabajo admirable en las circunstancias más difíciles.

En los años sesenta se despertó una mayor conciencia ambiental. Las autoridades de los parques empezaron a adoptar una visión más equilibrada del papel de los depredadores

(aunque el último caso de un perro salvaje baleado por un guarda en el Serengueti ocurrió a principios de los años setenta). Los safaris de caza para extranjeros acaudalados ya estaban desapareciendo, remplazados por safaris fotográficos como una forma de recaudar dinero para la conservación. Sin embargo, no pasó mucho tiempo antes de que los conservacionistas empezaran a manifestar su preocupación porque el turismo masivo, con sus legiones de miniautobuses pintados como cebras, estuviera dañando el medio ambiente. El ecoturismo se volvió la palabra de moda, con énfasis en que menos personas pagaran más y se quedaran en campamentos y alojamientos respetuosos del medio ambiente. Esto dio buen resultado en lugares como Botswana, donde los campamentos de tiendas son pequeños y no se pueden juntar más de tres vehículos

para contemplar a un depredador; en reservas privadas de Kenia se ha seguido una estrategia similar con un éxito considerable.

Mientras tanto, una oleada de seres humanos se aproxima cada vez más a las fronteras de los parques y reservas. Hablar del valor estético de la vida salvaje y de "museos vivientes" parece fuera de lugar para gente tan pobre que a menudo no tiene suficiente para comer o a duras penas encuentra suficiente leña para cocinar. Se intensificó la caza furtiva en todas sus formas. Las brigadas contra los cazadores furtivos no podían competir con las bandas motorizadas, perfectamente organizadas y armadas, que diezmaron las poblaciones de elefantes y rinocerontes negros de África en los años setenta y ochenta. En los últimos 40 años, se ha matado a 95% de los 60 000 rinocerontes negros de ese continente y en los años ochenta la población de elefantes se redujo a la mitad, lo que representa una pérdida de 600 000 animales. Sin duda, la prohibición del comercio de marfil en 1989 ayudó a ganar tiempo para los elefantes, pero ahora el comercio de carne de animales salvajes ha alcanzado proporciones alarmantes en toda África. Es fácil encontrar carne de caza —antílope, búfalo, cebra— en muchas carnicerías locales. Las poblaciones de chimpancés y gorilas siguen menguando conforme las compañías madereras abren en África Central los últimos grandes reductos de selvas tropicales, con lo que alientan la llegada de los cazadores de carne.

Al percatarse de que estaban perdiendo terreno rápidamente, en los años ochenta y noventa los conservacionistas empezaron a encaminar sus esfuerzos a ganarse la confianza de las comunidades locales con la intención de fomentar una actitud más positiva hacia la vida salvaje y brindar incentivos económicos para contener la ola. El Departamento de Vida Salvaje de Kenia aceptó destinar parte de su presupuesto a beneficiar a la gente que vive en los linderos de los parques y reservas. Estas comunidades son las que tienen más que perder con la vida salvaje: deben tratar de coexistir con animales que potencialmente amenazan su vida, como los elefantes y los búfalos que arrasan sus cultivos, y los leones y leopardos que matan a su

ganado. No obstante, algunas personas piensan que el Departamento de Parques debe seguir concentrando todos sus esfuerzos y recursos en la protección de la vida salvaje al interior de los parques y reservas y que, al quedar tan pocas tierras silvestres, los intereses de la gente deben ser secundarios —actitud que está condenada al fracaso—. Si los pobladores del lugar se sienten ajenos a la vida salvaje, no se puede esperar que apoyen los esfuerzos para preservarla. Si sólo los turistas ricos se pueden dar el lujo de visitar parques y reservas, y sólo los cazadores extranjeros pueden matar la vida salvaje por placer —ni siquiera por comer—, con toda seguridad le parecerá injusto a la gente que ve pocos beneficios en estas formas de uso de la tierra y vive en una pobreza abyecta.

En países como Sudáfrica y Namibia, la cría de animales de caza y la caza de trofeos desde hace mucho se consideran un medio para que los propietarios de tierras obtengan ingresos de

Los mejores lugares para ver perros salvajes son el delta del Okavango en Botswana, el Parque Kruger en Sudáfrica, y la Reserva de Selous y el Parque de Ruaha en el sur de Tanzania.

La enorme Reserva de Selous (43 000 km²) es un importante santuario
para leones y perros salvajes, y probablemente tenga la mayor población
de leones de África.

la vida salvaje y, al mismo tiempo, la conserven. Esto sólo es posible si el gobierno promulga leyes que den a la gente el control sobre la vida salvaje en tierras privadas, ya sea cediéndoles la propiedad u otorgándoles el derecho de beneficiarse de la vida salvaje, algo que todavía no ocurre en Kenia. Tal vez resulte desagradable para algunos, pero ahora mucha gente considera que la filosofía de "úsalo o piérdelo" es la única manera de salvar a la vida salvaje.

¿Qué lugar ocupan los leones en esta nueva coyuntura? Dondequiera que se han cercado grandes extensiones de terreno para criar ganado o animales de caza, como en Namibia o Sudáfrica, se ha erradicado a los leones. Y cada vez que los leones salen de áreas protegidas para entrar en pastizales comunitarios, los pastores no tardan en tomar medidas para evitar que ataquen su ganado —sin importar el hecho de que algunos depredadores nunca lo hagan—. Incluso las grandes áreas protegidas destinadas específicamente a salvaguardar a los animales salvajes sufren una presión cada vez mayor, como lo hemos visto en el Masái Mara. Los leones y otros grandes carnívoros también están en peligro por los cazadores de carne ilegales, que ponen trampas de alambre con las que matan indiscriminadamente. Cuando los leones, las hienas o los leopardos intentan comerse a los animales capturados en las trampas, los cazadores que comercian la carne responden rociando los cuerpos con veneno. Y los propios depredadores caen en las trampas (que han demostrado ser una verdadera amenaza para los perros salvajes de Zimbabwe, en peligro de extinción). Algunos logran escapar mordiendo el alambre que les rodea el cuello, pero en el proceso pueden apretarlo tanto que les corta la tráquea.

En el ecosistema del Serengueti-Mara, donde el comercio de carne de animales salvajes es un gran negocio, Angie y yo hemos llegado a ver leones o hienas con heridas de ese tipo o a una hiena corriendo en tres patas, pues se mutiló una de ellas por escapar de una trampa. Y en las áreas donde las concesiones para la caza de trofeos colindan con parques y reservas, en ocasiones se atrae a los leones para que crucen la frontera del parque con carnadas colocadas estratégicamente por cazadores deseosos de llevarse un macho de hermosa melena, queja que escuchamos una y otra vez cuando viajamos por toda África en busca de grandes felinos. Siempre será difícil controlar las incursiones de cualquier tipo —pastores nómadas, cazadores de carne o cazadores de trofeos— en las áreas protegidas. Desde luego, patrullar vastas extensiones de tierra de manera eficaz es un gasto prohibitivo y la mayoría de los gobiernos africanos simplemente no cuenta con los recursos financieros necesarios. Por eso es tan importante lograr el apoyo de las comunidades locales, y de los cazadores profesionales.

Durante años, la gente ha alertado sobre la difícil situación de la población de guepardos de África, especie en peligro, cuyo número se calcula actualmente entre 12 000 y 15 000 ejemplares. Con justificada razón, han llamado la atención sobre el devastador impacto que tuvo el comercio de pieles de los felinos manchados del mundo en los años sesenta y setenta; en algunos países sigue siendo una gran preocupación. Aunque sobrevive un buen número de leopardos en partes de África y Asia, esta especie está amenazada en muchas áreas en las que solía abundar. Pero no fue sino hasta muy recientemente cuando la gente empezó a cobrar conciencia de que hay muchos menos leones ahora que hace 20 años y de lo fragmentada que está su población. Los leones necesitan grandes áreas para encontrar suficiente alimento. En términos generales, una sola manada de leones necesita un hábitat de 50 a 100 km², y se considera que una población de leones sana consta de alrededor de 100 parejas en edad de reproducirse, o 500 o más leones en total. El Masái Mara alberga una población de ese tamaño, pero quedan muy pocos lugares como el Mara. Con la tasa de descenso actual, pronto se extinguirán los leones en grandes extensiones de África; en algunos sitios esto ya ocurrió.

El Grupo de Trabajo sobre el León Africano (ALWG, por sus siglas en inglés) ha tratado de evaluar cuántos leones salvajes quedan en el continente. Comenzaron su encuesta concentrándose en la parte central de África occidental, donde prácticamente no se ha llevado a cabo ningún estudio a largo plazo sobre leones. La respuesta a los cuestionarios fue tan buena que el ALWG amplió el ejercicio a todo el subcontinente. No hace mucho tiempo, se calculaba que habría entre 50 000 y 100 000 leones libres vagando por las planicies africanas. Ahora parece que 30 000 —posiblemente menos— es una cifra más cercana a la realidad; los números en África occidental y central son aun menores y tal vez sólo queden 2 000 leones. En la actualidad, se estima que sólo quedan cinco áreas con poblaciones de 1 500 leones o más: Serengueti-Mara (3 000), la enorme Reserva de Selous en Tanzania (tal vez 3 750), el complejo de Kafue, en Zambia, el norte de Botswana (2 500) y el Parque Nacional de Kruger y los santuarios de fauna privados colindantes en Sudáfrica. Otros parques y reservas famosos por sus grandes felinos, como el cráter de Ngorongoro, la Reserva Nacional de la Fauna de Samburu en Kenia, el Parque Nacional de Luangwa Sur en Zambia y el Parque Nacional de Etosha en Namibia, cuentan sus leones en cientos.

Es posible la recuperación de pequeñas poblaciones aisladas de grandes depredadores si se protegen extensiones considerables de hábitat salvaje con una buena densidad de presas, para que la población aumente con el tiempo. El león asiático se ha recuperado de menos de 100 individuos a alrededor de 300, y la población de tigres siberianos o del Amur, que quedó reducida a sólo unos 30 o 40 individuos en los años cuarenta, se ha recuperado, según los cálculos, a 350 adultos y 100 subadultos y cachorros, a mediados de los años noventa. Pero no basta con salvar el hábitat. Sin poblaciones adecuadas de presas, los depredadores no pueden sobrevivir, pues se ven obligados a abandonar la seguridad de los parques y reservas para ir en busca de otras presas. Si la comida escasea, entonces el ganado es su única opción. Y eso significa conflictos con el ser humano en una batalla perdida de antemano para el depredador.

Uno de los bastiones que le quedan al león es Botswana, que en los últimos 30 años se ha convertido en el foco de atención para muchos de los problemas relacionados con la supervivencia a largo plazo de los leones salvajes: pérdida de un hábitat apropiado, conflictos con los propietarios de ganado y el impacto de la caza de trofeos. Mark y Delia Owens señalaron muchos de estos problemas en *El llamado del Kalahari*. Un motivo de preocupación que compartían con otros conservacionistas era el número de leones y de otros depredadores que mataban los humanos. Ante la disminución del número de leones en muchas partes de África, cazarlos como deporte parece, más que nunca, un anacronismo, a menos que el cazador de trofeos le dispare a un animal problema que hubiera estado robando ganado.

No cabe duda de que la caza de trofeos puede perjudicar a las poblaciones de leones a menos que se controle de manera estricta, como se hizo hace 25 años en el Mara. Cuando el gobierno keniano prohibió la caza en 1977, los cazadores furtivos estaban fuera de control y la caza de trofeos se había ganado una muy mala reputación. Hasta entonces, los llamados del Fondo Mundial para la Vida Salvaje (ahora Fondo Mundial para la Naturaleza) para que se redujeran las cuotas de caza habían caído en oídos sordos. La mayoría de los cazadores de Kenia se apegaban a los principios establecidos por la Asociación de Cazadores Profesionales para tratar de asegurar que la matanza de animales para trofeo se hiciera lo más humanamente posible; que siempre se siguiera a los animales heridos, y que se cumplieran estrictamente las cuotas. Pero algunos cazadores hacían caso omiso de estos principios con la connivencia de funcionarios de caza corruptos. En la época en la que se anunció la prohibición, era difícil encontrar un macho adulto en ciertas partes del Masái Mara. La Sociedad para la Vida Salvaje de África Oriental visitó el Mara en 1976 para peinar un radio de 8 km alrededor de Governor's Camp —la misma zona donde se filma *Diario de grandes felinos* y donde la Manada del Pantano de aquel entonces se había visto obligada a vivir sin un macho—. Sus hallazgos confirmaron lo que todos sabíamos: que se estaba matando ilegalmente a leones y leopardos dentro de la reserva y en los alrededores, y que la población de leones estaba en grave riesgo de quedarse sin un solo macho adulto.

Por supuesto, la prohibición de la caza ayudó a revertir el destino de los leones del Masái Mara. Y las cosas no pararon ahí. La gente llevaba años manifestando su preocupación por la política del gobierno de "máxima utilización para consumo" de los animales salvajes mediante la caza y la cría de especies salvajes. Tres meses después de la prohibición de la caza, Kenia prohibió también la venta de todos los productos derivados de especies salvajes y dio a las 200 tiendas de curiosidades de Nairobi un plazo de tres meses para liquidar sus existencias de pieles de animales, tallas de marfil, cuernos y brazaletes de pelo de elefante. Una de las razones por las que Kenia no ha vuelto a permitir la caza de trofeos o la cría de animales salvajes (excepto de manera muy limitada) es el temor a abrir la puerta a la utilización excesiva y el abuso del sistema, lo que crearía un cómodo vacío para el comercio de productos derivados de animales salvajes obtenidos de especies en peligro. Kenia ve el turismo como la manera más apropiada de beneficiarse de su vida salvaje, y aún falta por resolver el asunto de si se permitirá su uso para consumo.

Para la mayoría de la gente, la idea de dispararle a un león o a un leopardo simplemente para lucirlo como trofeo o por

Despeinado juega a pelear con uno de los jóvenes leones del pantano. Los leones adultos juegan más a menudo cuando están bien alimentados.

Un cachorro de seis meses saluda a uno de los machos de la Manada de las Planicies de los Topis. La vida reproductiva de un macho es corta y algunos sólo tienen una oportunidad en toda su vida de controlar una manada.

el disfrute de la caza parece indefendible. Los leones pasan gran parte del día durmiendo y a veces no se ponen de pie a menos que se vean obligados, en particular si están acostumbrados a los vehículos y vienen de un área protegida. Pero la caza de trofeos es un negocio de decenas de miles de dólares, y la mayoría de los clientes quieren asegurarse de que conseguirán su león. Así que en vez de pasar días rastreando y perdiendo oportunidades, se pone una carnada para atraer al león adonde el cazador pueda dispararle con facilidad. Si se acatan las reglas, el cliente llega en un vehículo a no menos de 200 m, se baja y dispara antes de que los animales asustados puedan escapar.

Un león rara vez ataca cuando ve a un ser humano a pie. Su primer impulso es huir, como me ha tocado ver tantas veces en el Mara cada vez que los leones del pantano avistan a los masáis caminando hacia ellos (o los oyen), con lo que admiten un temor ancestral al ser humano. Pero si una leona tiene cachorros o un macho está cortejando a una hembra, entonces pueden atacar, aunque nueve de cada diez veces no es más que una finta y si la persona no corre, sino que retrocede con cuidado, lo más seguro es que pueda escapar y tener una anécdota que contar. Con un león herido la historia es totalmente distinta, y si esto sucede, el cazador profesional debe seguirlo y acabar con él. La mayoría de los accidentes en la caza ocurren con animales heridos.

Por desgracia, hay otra manera de cazar un león. La caza de un animal "en la bolsa", como se ha dado en llamar a la matanza de leones cautivos, es una lucrativa industria en Sudáfrica. Significa que está totalmente negociada, literalmente, una muerte segura por lo menos en lo que respecta al león, y hay sitios —granjas o criaderos de animales salvajes— que ofrecen estos leones trofeo para llevar. No se trata de un león salvaje que podría tener la oportunidad de escapar, sino de un león encarcelado, rodeado por una cerca. En un incidente que tuvo una gran divulgación, el león fue drogado de antemano, de manera que cuando el cliente llegó, aquél simplemente se sentó y no se movió, para no poner a prueba indebidamente la habilidad del cazador de dar en el blanco. Aunque habrá quienes argumenten que esto al menos le salva la vida a un león salvaje, sin duda tanto el ser humano como el animal merecen un trato más digno. Como dijo George Schaller: "Todo cazador que siente la necesidad de probarse a sí mismo aniquilando a un león, que querría ver su nombre inscrito en la columna de obituarios de un libro de trofeos, debería contemplar un rato a su futura víctima. Con suerte, llegará un momento en el que,

embargado por un sentimiento de hermandad, ya no pueda matar por mero placer".

Los machos adultos constituyen una parte relativamente pequeña de la población de leones (alrededor de 20%), así que las cuotas de caza siempre deben ser conservadoras. Lamentablemente, para un cazador es muy difícil saber si le está disparando a un macho de una manada o a un nómada —y encontrar a un macho solo no significa necesariamente que no forme parte de una coalición que controla un territorio—. El argumento de que la caza de trofeos elimina a los animales viejos o que ya no se reproducen de una población —como se aduce a menudo en el caso de los búfalos— no se aplica a los leones. Es probable que un león trofeo con una gran melena sea un macho reproductor en su plenitud y forme parte de

una manada. Como vimos cuando mataron a Despeinado, la pérdida de un macho de ese tipo puede tener graves repercusiones —que, en su caso, sacudieron a la Manada del Pantano por bastante más de un año.

En el Proyecto León del Serengueti participa ahora un estudiante que analiza el impacto de la caza de trofeos en la Reserva de Fauna de Maswa, colindante con el Serengueti, para descubrir si las manadas de las áreas de caza sufren un mayor número de tomas como consecuencia de la pérdida de sus machos. Si los cazadores están matando machos con más frecuencia, la supervivencia de los cachorros podría ser tan baja que, a la larga, la manada termine desapareciendo. Una sugerencia que se ha hecho para tratar de contrarrestar la perturbación que ocasiona la caza en la vida de una manada es

Elefantes bebiendo en el río Luangwa, Zambia. Debido a la caza furtiva en busca de marfil, la población de elefantes de África se redujo a la mitad en los años ochenta, con una pérdida de 600 000 individuos.

que, después de matar a un macho, no se debe volver a cazar leones en esa área por lo menos en dos años. Esto daría tiempo para que nuevos machos se integraran a la manada y para que sus cachorros sobrevivieran lo suficiente para escapar al infanticidio.

Robin Hurt, cazador profesional muy conocido que reside en Kenia, ha operado por muchos años en la zona de Maswa y ha llevado a cabo una labor concertada para evitar que los cazadores ilegales hagan uso de las concesiones que tiene él y se faculte a la gente del lugar. En los últimos diez años, Hurt y Joseph Cullman, cazador y conservacionista estadounidense, han dado a ganar el equivalente a más de 250 000 libras esterlinas a 18 aldeas en los linderos de algunas de las reservas de fauna y áreas de caza controlada de Tanzania, a condición de que las comunidades ayuden a evitar la caza furtiva. Los clientes de caza pagan 20% sobre el costo de la licencia del gobierno para apoyar este esquema. En esas circunstancias, se puede considerar que la caza beneficia a las comunidades locales y ayuda a mantener las zonas de vida salvaje, independientemente de lo desagradable que pueda parecer. Sin embargo, se deben sopesar los beneficios y el impacto en la población de animales de caza. Sólo cuando se concluya el estudio sobre el león de Maswa, tendremos una mejor idea de cuál es ese impacto, lo que permitirá establecer cuotas de caza con bases más científicas.

En Zambia, donde actualmente está prohibida la caza de trofeos, un hombre mayor nos comentó hace poco: "Las cuotas de caza son arbitrarias; hacen que los leones y los leopardos salgan de los parques atrayéndolos con carnadas; no le pagan a tiempo a los guardas, así que es más tentador —y mucho más lucrativo— ser cazador furtivo que guarda; y la mayoría de la gente que vive cerca de los parques y las áreas de caza controlada los ven sobre todo como lugares donde conseguir carne".

Entretanto, hace algunos años el vecino Zimbabwe inició una de las historias de éxito más divulgadas en la comunidad conservacionista. Campfire (acrónimo del inglés del Programa de Gestión de Áreas Comunitarias para los Recursos Autóctonos),

Ñus en la Reserva de la Fauna de Moremi, en el delta del Okavango, Botswana. Se ha dicho muchas veces que el delta es la joya del Kalahari y no tiene nada que envidiarle al Serengueti y al Mara como espectáculo de la vida salvaje.

como se dio a conocer, tenía por objeto alentar a la población local a ver la vida salvaje de una manera más positiva, sobre todo mediante los ingresos que obtenían de la caza de trofeos y la cría de animales salvajes. Además de la ventaja de obtener una dotación de carne cuando un cliente de caza mataba un elefante, Campfire motivó a los pobladores a desempeñar un papel más activo en cuanto a evitar la caza furtiva en sus áreas, infundiéndoles el sentido de propiedad y protección de sus activos. Por desgracia, los recientes acontecimientos políticos en Zimbabwe han retrasado años la causa de la conservación. La reapropiación de las tierras para cría ha provocado una matanza generalizada de fauna salvaje en busca de carne y trofeos —cuernos de rinoceronte y marfil— e inevitablemente ha puesto en peligro las reservas de propiedad privada. Como siempre, la pobreza y la codicia son los grandes asesinos de la vida salvaje.

En 2001, el grupo de presión contra la caza obtuvo una importante victoria. Tras haber establecido originalmente una cuota de 53 leones disponibles para la industria de la caza, el gobierno de Botswana anunció una moratoria a la caza del león. Se dice que una de las principales razones de la prohibición ha sido la preocupación que expresan los investigadores de la vida salvaje por el número de leones atrapados y muertos a tiros por los propietarios de ganado en el norte de Botswana. En 2000, se informó que habían muerto más de 80 leones en esta área, junto con hienas, leopardos y guepardos. Más al sur, en el distrito de Kgalagadi, mataron a 93 leones entre 1997 y 2001. Al principio, la prohibición tenía por objeto evitar que los dueños de ganado o agricultores les dispararan a depredadores "problema", pero a fin de que no pareciera que se favorecía a la industria de la caza de trofeos, se decidió ampliar la prohibición para incluir a todos los leones.

Tal vez la preocupación por el impacto que el virus de inmunodeficiencia felina (VIF) podría tener en las poblaciones de leones también influyó en esta decisión. El VIF causa sida en los gatos domésticos; al principio, produce síntomas parecidos a los de la gripe, de los que el gato parece recuperarse antes de sucumbir de tres a cinco años después por una alteración de su sistema inmunológico; esto provoca una combinación letal de infección de las vísceras, lesiones en la piel, infecciones respiratorias y debilitamiento. Se ha encontrado el VIF en 25 especies de la familia de los felinos y se piensa que cada una porta su propia cepa. Se trata de una enfermedad prevalente en ciertas poblaciones de leones salvajes, como los que habitan en el Serengueti y el Mara, donde 80% porta el virus sin mostrar señales de mala salud, lo que significa que ya lleva mucho tiempo por ahí. Los virus viejos son virus buenos en el sentido de que no han matado a su huésped, con el que, al paso del tiempo, llegan a desarrollar una relación simbiótica. Los investigadores especulan sobre la existencia del VIF desde hace millones de años; tal vez infectó primero al ancestro de todos los felinos modernos y luego se propagó a otras especies, lo que explicaría el hecho de que parecen portar cepas diferentes.

En los leones, la transmisión quizá no sea por contacto sexual, vía perinatal o amamantamiento. El alto índice de infección entre los leones en comparación con sus parientes más solitarios probablemente obedezca al número de veces que los leones sufren cortaduras y mordidas en peleas sociales o cuando cazan. Los guepardos rara vez recurren a la violencia física al cazar (aunque en ocasiones grupos de machos atacan a individuos solitarios) y los leopardos jamás comparten su comida. Es probable que la transmisión del VIF de una especie de felino a otra ocurra cuando un felino infectado es atacado por otro —o incluso comido—. Los leopardos llegan a matar guepardos y comérselos, y los leones atacan a ambas especies como rivales, aunque es raro que se los coman.

Pero no todos los leones tienen VIF. Sólo 12% de los leones del Kalahari estudiados por Paul Funston dieron positivo, tal vez porque la población está tan dispersa, y de la muestra de 44 leones de Namibia, ninguno era portador de anticuerpos contra el virus; tampoco los leones o tigres asiáticos. El hecho de que la cepa de VIF encontrada en los gatos domésticos tienda a ser letal significa, casi con toda certeza, que

se trata de una enfermedad reciente en esta especie, tal vez dentro de los últimos mil años. De manera similar, se piensa que el virus de inmunodeficiencia humana (VIH) que a menudo provoca sida no tiene más de 200 años, lo que lo hace tan mortal. Incluso puede haber mutado a lo largo de millones de años a partir del VIF y vía la forma simiesca del virus, VIS, encontrada en los primates. Miles de años después, quizás a través del comercio de carne de animales salvajes, el virus pasó a los humanos y mutó al VIH.

Los leones son susceptibles a varias enfermedades virales, como el herpesvirus felino y el parvovirus felino, ninguno de los cuales tiene un impacto marcado en la población. No obstante, sin duda los virus pueden tener consecuencias mortales para los felinos, como lo demostró el brote de moquillo canino —enfermedad que afecta sobre todo a los miembros de la familia de los perros— en el Serengueti y el Mara entre 1993 y 1995. Se infectó más del 85% de los leones del Serengueti y un tercio de la población —1 000 leones—, así como chacales, zorros orejudos y perros salvajes, murieron en un lapso de un año. El origen de la enfermedad fueron perros domésticos que vivían en poblados alrededor de la frontera oeste del parque, parte de la población de 100 000 perros que hay en torno al ecosistema del Serengueti y el Mara. Se piensa que contagiaron a las hienas, que actúan como portadoras, pues se trasladan de un lado a otro y se mezclan con otros depredadores alrededor de presas muertas. El moquillo canino es una enfermedad brutal, los animales afectados a veces agonizan durante días, incluso meses, y a menudo sufren repetidas convulsiones antes de, finalmente, morir. El hecho de que la mayoría de los leones haya sobrevivido se debe a que, a principios de los ochenta, habían sufrido un brote de la enfermedad que había pasado inadvertido hasta que se detectó su presencia en muestras sanguíneas. En 1996 se inició una

No es raro ver a leones descansando en los árboles del Mara, en particular en la temporada de lluvias, cuando el pasto está crecido; les ofrece una buena posición para buscar presas o ubicar a sus compañeros.

campaña para vacunar a la población de perros domésticos contra la rabia y el moquillo, que a la fecha continúa.

El doctor Pieter Kat y su compañera Kate Nicholls han estudiado a los leones en la región del delta del Okavango, en Botswana, donde se piensa que hay entre 1 200 y 1 600 leones. En repetidas ocasiones han expresado su preocupación por el impacto de la caza de trofeos en la población de leones y el papel que podría tener el VIF si se somete a los leones a un estrés excesivo. Como el virus está mutando constantemente, no hay razón para pensar que nunca daña a los leones o que algún día una de estas nuevas cepas no podría resultar mortal. Kat

y Nicholls vieron con buenos ojos la prohibición a la caza y consideran que hasta que no se lleven a cabo más investigaciones sobre la población de leones en Botswana, se les debe brindar una protección completa.

Pero aunque la matanza de leones a manos de los cazadores de trofeos como "deporte" se roba los titulares, palidece en comparación con el impacto de la animadversión contra los depredadores entre los agricultores y criadores de ganado. En lugares como Botswana, se están intensificando los esfuerzos para mediar con las comunidades locales afectadas por los problemas con los depredadores y el ganado. Las tentativas de educar a la gente sobre los

beneficios de proteger a los depredadores se equilibran con soluciones a más corto plazo, como retirar, reubicar y, como último recurso, matar a los animales problema.

Una de las principales quejas en toda África es la falta de indemnizaciones del gobierno por las pérdidas de ganado. Pero los esquemas de indemnización enfrentan muchas dificultades. El aumento en el número de reclamaciones desde que se ofrecieron indemnizaciones en Botswana se vio contrarrestado por acusaciones de que no todas las reclamaciones eran ciertas. Los criadores de ganado y las comunidades locales respondieron diciendo que el monto de la indemnización no estaba a la par de los precios

vigentes del ganado, y que las autoridades en materia de vida salvaje solían ser lentas para responder a los llamados de ayuda, lo que obligaba a los propietarios de tierras a actuar y matar ellos mismos a los depredadores. Un león puede causar estragos en el ganado doméstico y matar a varios animales. A menos que se tomen rápidamente medidas radicales, el costo puede ser prohibitivo para los pequeños criadores.

Pero no todos los leones atacan el ganado, como lo ha demostrado el Proyecto sobre Depredadores de Laikipia, en el norte de Kenia. Se colocó un radio collar a los leones identificados como atacantes de ganado y se les dio seguimiento por tierra y aire, en

vez de matarlos. Resulta que algunos leones nunca se vuelven asesinos de ganado y que algunas prácticas de pastoreo y los sistemas de *bomas* (cercos de espinos) son más efectivos para disuadir a los leones que otros. Podrían construirse estacadas y casas más sólidas para asegurarse de impedir el paso a los leones. Si se hace esto, entonces estaría justificado el pago de la indemnización. Un *boma* resistente de espinos gruesos es preferible a las cercas de alambre que suelen usar algunos de los pastores más modernos. Para los leones es fácil ver a través de estas últimas y a un depredador decidido no le costará trabajo entrar. Los *bomas* con una presencia humana mínima son mucho más vulnerables al ataque de los leones. Cuando los pastores construyen sus viviendas cerca de los *bomas* de su ganado, el ruido y la actividad general hacen que a un león le parezca menos tentador acercarse, a menos que esté realmente desesperado. El ganado podría y debería llevarse de vuelta a un corral en las noches, y el periodo de parición debería sincronizarse, en vez de que ocurra durante todo el año (y con frecuencia en pleno campo).

Matar a todos los leones que invaden un terreno privado, sin importar si va a atacar o no el ganado, tal vez no sea la solución del problema. Más bien, podría dar oportunidad a otros depredadores de llenar el vacío, sin que necesariamente se enfrente a los culpables. La mayoría de los depredadores grandes roban de una presa cazada por otro depredador o de un animal muerto por enfermedad o por una sequía, y se les puede acusar injustamente de la muerte. Ésa es una de las razones por las que se debe controlar estrictamente la colocación de carnadas y trampas para depredadores, pues con ello se evita la matanza indiscriminada y la mutilación de animales que no han hecho daño al ganado. En ciertas circunstancias, tolerar a los depredadores puede ser una ventaja para los criadores de ganado, ya que ayuda a mantener el equilibrio natural entre depredadores y presas.

En muchos casos, son los leones que no controlan un territorio —a menudo individuos jóvenes— los que matan ganado habitualmente. Se debe tratar de capturar a los leones que salen de los parques y reservas en la temporada seca en busca de comida y regresarlos a la reserva en vez de matarlos, y se debe hacer un mayor esfuerzo para patrullar y mantener cercas. Sin embargo, cuando se ha identificado a un atacante de ganado realmente decidido y persistente, debe ser trasladado (tal vez como ejemplar para reproducción en uno de los santuarios de caza privados) o eliminado, de preferencia por funcionarios de gobierno, no por el criador de ganado —y sólo si se demuestra que el depredador ha matado a sus animales—. En los países donde se permite la venta de pieles, el dinero se puede destinar a un fondo para indemnizar a los criadores de ganado.

Nada de esto parecería tener mucha importancia cuando preparamos la filmación de otra serie de *Diario de grandes felinos*, con certeza no para la gente que ve a los grandes felinos viviendo fuera de sus vidas, en pantallas de televisión muy lejos de África. Angie y yo sentimos cómo nos va invadiendo la emoción cuando empezamos a contar los días que faltan, y nos aseguramos de que nuestros vehículos todoterreno estén en condiciones de resistir el desgaste diario de viajar por caminos agrestes y a campo traviesa durante diez semanas. Es el momento de revisar nuestras cámaras y esperar que las largas lluvias que han estado cayendo en Kenia en las últimas semanas no hayan enmohecido el interior de nuestros lentes de telefoto. Se habla de otro fenómeno de El Niño a mediados de octubre, el inicio de las lluvias cortas, en cuyo caso necesitaremos botes, además de vehículos, para seguir a los felinos conforme la serie se acerque a su final. Para entonces, estaremos ocupados escribiendo el siguiente libro de esta serie: *Diario de grandes felinos*: leopardos, y después guepardos. Sin duda, el Mara será muy distinto de cuando filmamos la última vez, hace dos años, y una devastadora sequía asoló Kenia. Por fortuna, el Mara tiene muchas otras cosas que ofrecer además de los grandes felinos.

Mientras tanto, nuestro refrigerador está atiborrado de cientos de rollos de película para llevárnoslos al Mara en agosto. Nos cruzan por la mente innumerables preguntas. ¿Los machos de las Planicies de los Topis seguirán con la Manada del Pantano? ¿Algunas de las hembras jóvenes de la manada se habrán reincorporado a ésta, al lado de Khali, Narigona y las otras leonas adultas, para defender su territorio ancestral? Definitivamente, descubrir si Solo ha sobrevivido será parte de nuestra nueva aventura y nos obligará a desempolvar nuestros cuadernos y repasar nuestras fotografías, para estar seguros de la disposición de los folículos de sus bigotes. La última vez que lo vimos tenía ocho meses, era un jovencito larguirucho al que le empezaban a asomar las primeras señales de una melena y lucía un labio inflamado a consecuencia de un altercado con uno de sus compañeros mayores de la manada. Si continúa con vida, debe tener poco más de dos años, y pronto llegará el momento de que abandone su manada natal —si no es que lo ha hecho ya—. Pero sin otros machos de edad similar que se le unan, le espera una vida dura como macho solitario, a menos que forje una alianza con otro nómada, como lo hicieron Despeinado y Cicatriz. Sería un milagro aún mayor si Renguita y sus cachorros hubieran logrado permanecer en los sitios que acostumbraban desde la pérdida de Roja; su vida es una cruda demostración de por qué es tan importante para los leones formar grupos, y por qué debemos preocuparnos por el futuro de estos grandes felinos.

Mi impresión predominante, después de pasar media vida observando leones salvajes, es el grado en el que destaca el individuo. Para mí, personajes como Despeinado, Khali y las Hermanas del Pantano son mucho más que meros "animales". Como máximo depredador, los leones representan la vida salvaje tal vez más que cualquier otra criatura que conozca. Si podemos encontrar espacio para que los leones deambulen libremente, se asegurará la supervivencia de muchas otras especies. La idea de que algún día pudieran abandonarnos es impensable.

Formar parte de una manada en un territorio estable y bien definido es esencial para que una leona críe con éxito a sus cachorros. Sólo protegiendo su hábitat natural podremos asegurar que el rey de las bestias siga reinando.

Guía de safaris para ver grandes felinos

IR DE SAFARI a África es el punto culminante de la vida de muchas personas. Para algunos puede ser un viaje de sólo unas semanas, para otros puede marcar el inicio de una nueva vida, como me ocurrió a mí cuando salí de Londres en 1974 y me uní a un grupo de jóvenes que recorría África por tierra.

La mayoría de la gente que viene de safari llega con grandes expectativas, basadas en escenas de la vida salvaje captadas en libros o programas de televisión como *Diario de grandes felinos*. Pero estas imágenes pueden ser engañosas, pues a menudo son el producto de meses o incluso años de esperar el momento adecuado y captan sucesos que sólo ocurren excepcionalmente. Por consiguiente, al llegar al Mara, la gente suele tener expectativas —más que esperanzas— de ver a un leopardo descansando en un árbol en el Desfiladero de los Leopardos, de vivir la emoción de que un guepardo salte al capote de su vehículo o ver a los leones derribar a un búfalo. Pero no hay garantías sobre lo que se verá en un safari, sólo la promesa de que esa experiencia nos cambiará para siempre.

La principal enseñanza que nos dejó a Angie y a mí nuestro reciente safari por el sur de África fue despojarnos de nuestras expectativas y disfrutar todo lo que se cruzara por nuestro camino. Habíamos elegido destinos que esperábamos que nos dieran la mayor oportunidad de ver grandes felinos. Algunos eran famosos por sus leopardos o guepardos, otros eran lugares donde se decía que había grandes felinos a la vista. No todos estuvieron a la altura de su reputación, no porque ésta fuera inmerecida, sino porque lo que habíamos esperado presenciar había sucedido el día o la semana anterior.

Por motivos de tiempo, visitamos Namibia, Botswana, Zimbabwe, Zambia y Sudáfrica en un safari continuo de seis semanas de duración. Los cambios de estaciones pueden tener una enorme influencia en lo que se logra o no ver, así que uno se debe asegurar de viajar en el momento adecuado del año para cada destino al planear el itinerario. Si un lugar es "bueno" para ver grandes felinos, esto significa que hay mucha comida para ellos: los antílopes, las gacelas, las cebras y los búfalos de los que dependen. En comparación con estas especies de presa, los depredadores representan una minoría, así que al buscarlos se tiene la garantía de que habrá muchos otros animales para deleitar la mirada. Un safari es mucho más que encontrar grandes felinos. No obstante, hemos elegido lugares donde hemos tenido las mejores experiencias de observación de grandes felinos. Sin embargo, nuestra lista de ninguna manera es exhaustiva. Hay muchas otras zonas a la espera de ser exploradas. Aunque los leones son el tema central de este libro, hemos incluido a los tres grandes felinos en esta reseña. La guía African Safari de Insight y las guías *Watching Wildlife in East Africa* [Observación de la vida salvaje en África oriental] y *Southern Africa* [África del sur] de Lonely Planet son una mina de información para quienes viajan en safaris.

Destinos recomendados

Reserva Nacional de Masái Mara, Kenia
(1 510 km²)

Es uno de los mejores sitios para ver a los tres grandes felinos, en particular leones. Las temporadas de lluvias van de mediados de octubre a diciembre (lluvias cortas) y de abril a junio (lluvias largas). Los pastos alcanzan su máxima longitud después de las lluvias largas, lo que dificulta más encontrar depredadores, aunque prácticamente está garantizado ver leones en cualquier época del año. La migración de ñus y cebras suele llegar en julio, y la mayoría de las manadas vuelven al Serengueti a finales de octubre.

De septiembre a finales de marzo es nuestra época favorita en el Mara, pues el largo pasto queda bajo una oleada de animales. El mejor momento para presenciar el cruce de las grandes manadas por el río Mara es de agosto a octubre, de modo que septiembre es una buena opción, pero no hay dos años que sean iguales. Aun en los periodos en que los ñus y las cebras se van del Mara, éste sigue siendo un hermoso lugar para visitar, y con el pasto corto (y verde durante las lluvias de octubre a noviembre) resulta más fácil hallar depredadores. Cuanto más seco es el año, mayores son las probabilidades de ver depredadores; los animales se comen el pasto y los matorrales y los dejan al desnudo, lo que facilita andar por ahí y ver lo que hay.

El Mara es un paraíso para los observadores de aves, con más de quinientas especies. Como alojamiento, se puede probar Governor's Camp, Mara Intrepids o Mara River Camp. El Triángulo del Mara, al oeste del río, es un excelente emplazamiento para los guepardos, aunque se les puede encontrar en toda la reserva, y Little Governor's Camp, Olonana y Serena Lodge se cuentan entre los mejores lugares para hospedarse en esa zona. Si se prefiere una tienda de campaña privada, East African Wildlife Safaris y Abercrombie & Kent son dos de los diversos operadores de safaris que ofrecen esta opción en Kenia.

Reserva Nacional de Samburu, Kenia
(104 km²)

Esta reserva, una de las más pequeñas pero toda una joya, nos da una idea de lo que es el norte de Kenia, con una abundante población de aves. Todo safari en Kenia debe incluir una visita a Samburu. El paisaje contrasta maravillosamente con las planicies exuberantes y ondulantes del Mara, con asombrosos afloramientos rocosos, zonas de matorrales secos con elevados termiteros y el río Ewaso Nyiro, bordeado por palmeras. Al sur del río se encuentra la Reserva Nacional de Buffalo Springs, de igual belleza.

Las temporadas secas son las mejores en Samburu, pues hay una gran actividad en torno del río y de los bosques salen grandes manadas de elefantes para beber agua y cruzarlo. Hay cebras de Grevy, gacelas de Waller y jirafas reticuladas, todas ellas especies de zonas secas que no se encuentran en el Mara.

Samburu y Buffalo Springs son reservas famosas por sus leopardos, y en algunos de los campamentos y alojamientos se colocan carnadas de noche para atraer visitas nocturnas. Sin embargo, es muy probable ver leopardos en el día. También hay leones y guepardos, y ocasionalmente pueden verse perros salvajes. Entre los mejores lugares para hospedarse están los campamentos de Larsens, Mara Intrepids y Samburu Serena Lodge.

Parque Nacional de Serengueti, Tanzania
(14 763 km²)

Valdría la pena visitar el Serengueti aunque no hubiera ahí fauna salvaje. El hecho de que la tenga —en la abundancia que se encuentra en pocos lugares más— lo convierte en uno de los cinco principales destinos del mundo para ver vida salvaje. La mera extensión de las llanuras del Serengueti, en particular en la temporada de lluvias, cuando las compactas manadas de ñus y cebras oscurecen los pastizales, es un espectáculo digno de contemplar, con leones, hienas y guepardos, todos a la espera. Las hembras de ñu paren a sus

crías entre enero y marzo, de modo que febrero es un buen mes para visitarlo. Los ñus dejan las llanuras y se van en busca de los bosques y agua a principios de la temporada seca, hacia finales de mayo, en tropeles formados por millares a través de los Moru Kopjes. Cuanto más marcada es la transición entre la temporada de lluvias y la seca, más impresionante es el éxodo de las llanuras. Es entonces cuando los ñus entran en celo y vale mucho la pena ir hacia la zona de Seronera, en el centro del parque, que siempre ha sido uno de los principales lugares favoritos del leopardo en África. A menudo están descansando en lo alto de las acacias, de corteza amarilla, en el valle de Seronera o se echan gustosos en la amplia copa de un kigela africana. Seronera también es un buen lugar para ver leones y guepardos.

Las escarpadas tierras boscosas del norte, alrededor de Lobo, son otro buen lugar para visitar cuando las grandes manadas pasan por ahí en la temporada seca (junio a octubre). Entre los mejores lugares para hospedarse cuando las manadas se concentran en las llanuras del sur, están Ndutu Lodge, con vista al lago Lagarja, y Kusini Camp; además, son recomendables Serengueti Sopa Lodge, muy cerca de Moru; Serengueti Serena Lodge, una buena base en el centro del parque, y Klein's Camp para la zona de Lobo.

Cráter de Ngorongoro, Tanzania
(260 km²)

La octava maravilla del mundo y, sin duda, un lugar donde vale la pena pasar dos noches, no sólo por sus características geográficas únicas y sus espléndidos paisajes, sino como hogar de unos asombrosos leones de melena negra. Si se corre con suerte, se pueden ver guepardos, y se puede llegar a avistar a algún leopardo entre los bosques. El cráter es un excelente sitio para ver al rinoceronte negro, especie en peligro de extinción, con el telón de fondo azul oscuro de la pared del cráter como escenografía perfecta para la fotografía de la vida salvaje. Hay una gran riqueza de aves y los magníficos elefantes machos con sus largos colmillos de marfil siempre están entre los favoritos. A los entusiastas de la fotografía, o a quienes simplemente desean disfrutar al máximo su estancia, les conviene llevar un desayuno y un almuerzo para comer durante su paseo. La atmósfera cubierta de neblina de la mañana y las probabilidades de

encontrar leones bien valen la pena para salir temprano.

De los tres alojamientos, Sopa Lodge brinda un fácil acceso al piso del cráter, mientras que Ngorongoro Serena Lodge ofrece sus 75 habitaciones con vista al cráter. Para los que sólo quieren lujos y buena comida, casi podría ser recomendable pasar todo el día en la habitación, con una vista igualmente espléndida, en el Ngorongoro Crater Lodge.

Reserva de la Fauna de Selous, Tanzania
(43 000 km²)

Las tierras vírgenes del sur de Tanzania son el lugar indicado para hacer un safari a pie en África oriental. Ésta es la "vieja" África, región de maleza que alberga a más de 100 000 búfalos, casi 60 000 elefantes, la población más densa de perros salvajes de todo el continente y probablemente la mayor población de leones considerada individualmente —con menos turistas observándolos—. Aunque los leones no son tan numerosos o tan fáciles de encontrar como en el Mara y el Serengueti, una visita a uno de los campamentos ubicados a lo largo del río Rufiji es un punto de partida ideal para un safari a pie. No se puede dejar de hacer un paseo en bote por el río para ver cocodrilos gigantes, grandes manadas de hipopótamos y elefantes, o simplemente, de regreso en el campamento, se puede salir a identificar algunas de las más de 440 especies de aves.

Entre los mejores campamentos están Sand Rivers Selous (en particular para quienes quieren caminar) y Selous Safari Camp (antes conocido como campamento Mbuyuni). Un safari que combine una visita a Selous y al Parque Nacional de Ruaha, y ya sea las montañas Mahale o el Parque Nacional de Gombe para ver chimpancés, sería una gran aventura al margen del ajetreo y el bullicio del circuito turístico del norte de Tanzania. Pero si lo que se busca es ver fácilmente fauna salvaje y se trata de la primera visita a África, entonces es difícil superar al Serengueti, el Ngorongoro y Tarangire (1 360 km²), con sus magníficos baobabs, sus grandes manadas de elefantes, su riqueza de aves y buenas probabilidades de ver leones y leopardos.

Parque Nacional de Luangwa Sur, Zambia
(9 050 km²)

Conocido localmente como el Valle, es aquí donde Norman Carr, uno de los guías de safari con más experiencia de África, inició los safaris a pie. El río Luangwa domina el parque y se ofrece como un elemento refrescante y tranquilo. Como los campamentos y alojamientos están situados a lo largo de la ribera, se pueden pasar horas observando en la veranda de las tiendas a los diversos animales que llegan a beber agua: elefantes, búfalos, pukus, antílopes acuáticos e incluso leones y leopardos. La mejor época para ver animales es el invierno (mayo a agosto) y los meses secos y cálidos de septiembre a noviembre. Las concentraciones de animales tienden a aumentar a medida que avanza la temporada seca, pero lo mismo sucede con la temperatura. Las lluvias (noviembre a abril) son una época excelente para ver aves, aunque la mayoría de los alojamientos y campamentos cierra en esa temporada. La densidad de leopardos es excepcional y a menudo se ven leones. Nosotros fuimos en septiembre y durante un paseo nocturno en vehículo —una de las actividades más interesantes en cualquier visita a Luangwa— vimos a uno de los leopardos que han dado fama a este lugar. Además de buscar grandes felinos, pasamos muchas horas fotografiando elefantes mientras bebían en el río y lo cruzaban, y disfrutamos observando muy de cerca las espectaculares colonias de abejarucos carmín que anidan en las riberas arenosas.

Hay varios operadores que ofrecen safaris a pie, pero una recomendación constante es Robin Pope Safaris. Probablemente la época ideal es de finales de junio a finales de septiembre, para una caminata de cinco días con un guía de primera, alojándose en un campamento móvil en lo profundo de la maleza. Robin y Joe Pope también están a cargo de tres de los mejores campamentos permanentes en el Valle: Nsefu, Tena Tena y Nkwall. Un safari a pie —aunque sólo sea una mañana— es obligado.

Parque Nacional de Kafue, Zambia
(22 480 km²)

Es el segundo parque nacional más grande de África; abarca grandes extensiones de bosques y sabana divididos por el río Kafue. Es sorprendente que tan pocas personas visiten Kafue, considerando que es el hogar de grandes manadas de elefantes, búfalos, leones y leopardos, y también es famoso por su diversidad de antílopes, con planicies aluviales rebosantes de millares de antílopes lechwe rojos y fugaces apariciones de antílopes sable y ruanos. También hay guepardos y perros salvajes, así como grandes manadas de leones que cazan búfalos en la planicie de Busanga, al norte. Los animales tienden a concentrarse alrededor del agua entre julio y octubre, y la mejor época para visitar Busanga es entre agosto y octubre.

Sólo hay un puñado de alojamientos, lo que le agrega un toque agreste. Entre los mejores están Ntemwa y los campamentos de Busanga Bush, ubicados en medio de las planicies donde se ve con frecuencia a los leones; Lufupa Camp está bien ubicado para los paseos en vehículo y las caminatas por los matorrales, con la oportunidad de ver leopardos en paseos nocturnos en vehículos.

Parque Nacional de Mana Pools, Zimbabwe
(2 200 km²)

Resulta difícil pensar en un viaje a Zimbabwe sin planear una visita a las espectaculares Cataratas Victoria y pasar una noche en el magnífico Victoria Falls Hotel. Es el lugar indicado para ir de safari en canoa por el imponente río Zambezi, que forma la frontera norte del Parque Nacional de Mana Pools. Es fácil ver hipopótamos, cocodrilos, elefantes y búfalos. En Mana hay probabilidades de avistar leones, al igual que en el Parque Nacional de Matusadona, que se extiende desde las costas del lago Kariba, y ambos ofrecen la oportunidad de caminar o viajar en canoa, una emocionante alternativa a ser transportado en un vehículo por los matorrales africanos. John Stevens fue uno de los precursores de los safaris en canoa y es uno de los guías más importantes de África, especializado en safaris a pie y en canoa, con hospedaje en campamentos móviles. Musangu y Muchichiri son dos agradables hoteles a la orilla del río que cuentan con alojamiento permanente; Rukomechi y Chikwenya son dos campamentos de Wilderness Safari también muy recomendables.

Si se visita el lago Kariba, entonces Sanyati Lodge está entre los mejores: se puede descansar, disfrutar del lago y salir de paseo en vehículo para ver animales, caminar o ir a excursiones de pesca.

Reserva de la Fauna de Moremi, Botswana
(3 900 km²)

El delta del Okavango es un oasis enorme, un delta interior de islas boscosas y pantanos donde crece el papiro, y cuyas aguas cristalinas desaparecen entre las arenas del Kalahari. El delta no se queda atrás respecto al Serengueti y el Masái Mara como espectáculo de la vida salvaje, se trata de un excelente lugar para ver leones y leopardos, con buenas probabilidades de encontrar guepardos y perros salvajes. La combinación de agua y vida salvaje es difícil de superar y las oportunidades de observar grandes animales y aves son prácticamente ilimitadas. La Reserva de Moremi abarca casi una tercera parte del delta, e incluye Chief's Island. La temporada seca de otoño e invierno (abril a septiembre) es la mejor para ver fauna salvaje. Es muy probable encontrar perros salvajes en junio y julio, cuando abandonan su vida nómada por unos meses y establecen una madriguera. La observación de animales alcanza todo su esplendor en septiembre y octubre, cuando los animales se reúnen en torno de fuentes permanentes de agua, aunque la temperatura puede ser elevada.

Muchos alojamientos cierran en la temporada de lluvias (diciembre a marzo). Hay una enorme variedad de campamentos y alojamientos entre los cuales elegir, pero entre los mejores están Chief's Camp en la zona de Mombo y los campamentos de Wilderness Safari, Mombo y Little Mombo.

Si se visita el delta del Okavango también se pueden hacer safaris a pie, a caballo e incluso en elefantes en Randall Moore's Abu's Camp; y está la posibilidad de caminar con los elefantes de Doug Groves en Stanley's Camp. Al norte, en la frontera con Namibia, el Parque Nacional de Chobe (11 700 km²) alberga grandes manadas de leones y de búfalos, y ofrece recorridos en río para ver a los elefantes cuando cruzan el río Chobe. En la parte oeste del parque, el pantano Linyanti y la zona de Savuti son famosos por sus leones, aunque verlos puede depender mucho de las estaciones. Chobe es un buen sitio para visitar en camino a las cataratas Victoria, alojándose en Chobe Chilwero Lodge.

Okonjima y la Fundación Africat, Namibia
(135 km²)

En Namibia viven más guepardos que en cualquier otro país africano, tal vez 3 000 de estos elegantes felinos. Sin embargo, el 90% se encuentra en tierras privadas dedicadas a la ganadería, donde a menudo entran en conflicto con los propietarios. Lise Hanssen y su equipo de la Fundación Africat se han dedicado a trabajar con los propietarios de estas tierras para atenuar el conflicto con los depredadores, llevándose a los animales que son atrapados y que, de otro modo, morirían baleados o envenenados. Trabajan sobre todo con guepardos y leopardos, pero también con servales, caracales y el esporádico león, y apoyan varios proyectos de investigación y educativos. Los Hanssen han convertido la finca de la familia en Okonjima en un cómodo alojamiento para viajeros, a quienes dan la oportunidad de visitar la Fundación Africat y conocer algunos de los guepardos. A los fotógrafos les resultará algo muy interesante, y una visita por la tarde al escondite de los leopardos es una experiencia que no se debe perder.

Fondo para la Conservación del Guepardo (CCF), Otjiwarongo, Namibia

El CCF es obra de Laurie Marker y Daniel Kraus y está dedicado a la supervivencia a largo plazo del guepardo mediante investigación y educación. Laurie y su equipo constituyen el principal centro para la conservación del guepardo y, al igual que la Fundación Africat, trabajan estrechamente con los propietarios de ganado y le dan un hogar a los guepardos huérfanos atrapados en sus tierras. El CCF inició el uso de perros guardianes para ayudar a la gente a reducir las pérdidas de ganado a causa de depredadores, y ha colocado más de 120 perros pastores de Anatolia con criadores de ganado. Cuando es posible, se reubica a los guepardos adultos capturados en la maleza. El excelente Centro Educativo para Visitantes del CCF está abierto al público.

Para ver guepardos salvajes en Namibia, la mejor opción es visitar el Parque Nacional de Etosha (22 270 km²). Los manantiales naturales y los abrevaderos artificiales (como el abrevadero de Okaukuejo) que salpican el borde sur de la agreste cuenca de Etosha, en el corazón del parque, constituyen el núcleo para ver animales, pues atraen a grandes cantidades de ñus, cebras, gacelas saltarinas y antílopes órix y eland, entre otros. Aunque se puede encontrar aquí a los tres grandes felinos, no hay garantía de verlos. Si los grandes felinos son la prioridad y no se cuenta con mucho tiempo,

quizá no sea el lugar indicado; de lo contrario, es memorable.

Parque Namib-Naukluft, Namibia
(49 754 km²)

Estas enormes tierras vírgenes se extienden desde Luderitz, en el sur, hasta Swakopmund, en el norte. No es un lugar para ver grande felinos, pero como destino de safari es otro mundo: un vasto paisaje lunar con imponentes dunas que se transforman cuando llegan las lluvias de verano —si acaso llegan— de diciembre a febrero. Las extraordinarias plantas rastreras del género Welwitschia son endémicas del desierto de Namibia y pueden vivir más de dos mil años. Sossusvlei Mountain Lodge en la vecina Reserva Natural de Namib Rand y el Wilderness Sossusvlei Camp son de los mejores alojamientos y ofrecen diversas actividades, entre ellas, excursiones de un día a las dunas de Sossusvlei. También hay un safari de observación de estrellas, con ayuda de un telescopio gigante en Mountain Lodge, algo que no se debe perder.

Parque Nacional de Kruger, Sudáfrica
(19 480 km²)

Es el parque nacional más importante de Sudáfrica, con más especies de mamíferos y aves que cualquier otro parque del país. Los "cinco grandes" se pueden encontrar aquí —leones, leopardos, búfalos, rinocerontes y elefantes—, así como guepardos y perros salvajes. La zona sur del parque ofrece la mayor diversidad de paisajes y las mejores oportunidades de ver animales. La única gran limitación siempre ha sido que se está confinado a caminos asfaltados. Sin embargo, recientemente las autoridades del parque abrieron una licitación para varias concesiones privadas, y los safaris en vehículos o a pie fuera de los caminos establecidos, saliendo de pequeños campamentos y alojamientos, le darán una dimensión totalmente nueva a un safari en el Kruger. La mejor época para ver animales es el invierno (mayo a octubre), cuando se concentran en las fuentes de agua. La temporada de lluvias va de octubre a marzo.

Reserva de la Fauna de Sabi Sands, Sudáfrica (incluidas la Reserva de Londolozi y la de Mala Mala)
(6 500 km²)

Hay varias reservas de fauna privadas concentradas a lo largo de la frontera oeste del Kruger, del que ya no están separadas por una cerca. Ofrecen excelentes oportunidades para los amantes de los grandes felinos y ameritan especialmente una visita si se siente pasión por los leopardos. La más famosa es Londolozi (130 km²), transformada por John y Dave Varty desde que se hicieron cargo del alojamiento a principios de los años setenta y restauraron la zona para que recuperara su antigua gloria. También vale mucho la pena una visita a Mala Mala, en ambos lugares está prácticamente garantizado que se verán leopardos. Cuando visitamos Londolozi, vimos tres diferentes leopardos en cinco ocasiones distintas, así como tres magníficos leones machos y muchos cachorros, rinocerontes blancos y dos espléndidos kudúes machos.

Todos los albergues ofrecen recorridos nocturnos en vehículos, una buena manera de ver leopardos, aunque los guardas se esfuerzan por seguirles la pista también de día, siendo la norma conducir al margen de los caminos. No es raro encontrar guepardos y perros salvajes. Son recomendables los alojamientos de Ngala, Sabi Sabi, Singita e Idube.

Reserva de Recursos de Phinda, Sudáfrica
(1 800 km²)

Se han introducido leones y guepardos a esta reserva de fauna privada y, sin lugar a dudas, es un buen lugar para fotografiarlos —en particular, los guepardos, que están casi garantizados—. Sin embargo, verlos bien suele depender de que se pueda manejar fuera del camino, lo que está restringido después de la quema anual, así que primero se debe verificar este dato. Los "cinco grandes" están presentes y con bastante frecuencia se ven leopardos. El invierno (mayo a octubre) es la temporada seca y la mejor época para una buena visibilidad. En Phinda, el hospedaje puede ser en cuatro hoteles de lujo y se ofrecen varias extensiones. Se puede optar por caminar en busca del rinoceronte negro en la vecina Reserva de la Fauna de Mkuzi, bucear en los arrecifes de coral de la costa este o sobrevolar el Parque de Humedales de Greater St. Lucia.

Información adicional*

Sitios en internet

African National Parks
http://www.newafrica.com
    national-parks/
Africat (proyecto de Lise Hanssen)
http://www.africat.org/
Cheetah Conservation Fund (proyecto de
Laurie Marker)
http://www.cheetah.org/
Big Cats Online
http://dialspace.dial.pipex
    com/agarman/bco/ver4.htm
Big Cat Research
www.bigcats.com/
IUCN **Cat Specialist Group**
http://www.cats.org
The Lion Research Center (leones del Serengueti
y el cráter de Ngorongoro)
http://www.lionresearch.org
Friends of Conservation (organismo de
conservación que trabaja en el Mara)
http://www.foc-uk.com

Operadores turísticos

Abercrombie and Kent (África oriental y del sur)
http://www.abercrombiekent
    co.uk
Afro Ventures (África oriental y del sur)
http://www.afroventures.com
Conservation Corporation Africa
(África oriental y del sur)
http://www.ccafrica.com
East African Wildlife Safaris (Kenia)
Correo electrónico: eaws@kenyaweb.com
Gibb's Farm Safaris (Tanzania)
Correo electrónico:
ndutugibbs@nabari.co.tz
John Stevens Safaris
(safaris en canoa y a pie en Zimbabwe)
Correo electrónico:
bushlife@hare.iafrica.com
Okavango Tours and Safaris (Botswana)
http://www.okavango.com
Richard Bonham Safaris

(Tanzania, especialista en Selous)
Correo electrónico:
Bonham.Luke@swiftkenya.com
Robin Pope Safaris
(Zambia, especialista en el valle de Luangwa)
Correo electrónico:
popesaf@zamnet.zm
Wilderness Safaris
(especialistas en el sur de África)
Correo electrónico: outposts@usa.net
Governor's Camp
(Kenia, campamentos del Masái Mara)
Correo electrónico:
info@governorscamp.com
Worldwide Journeys and Expeditions
(especialistas en safaris africanos)
www.worldwidejourneys.co.uk

* Desafortunadamente, las direcciones de
internet cambian con frecuencia, de modo
que puede suceder que las aquí consignadas
no sigan vigentes, pero son las referencias
sugeridas por los autores. (N. de E.)

Bibliografía

Nos habría sido imposible escribir este libro sin apoyarnos en gran medida en el trabajo de otros autores. Agradecemos en particular a Judith Rudnai, aquí en Nairobi, por su generosidad al compartir con nosotros sus experiencias en el estudio de los leones, y su acervo de libros y artículos. A Jim Cavanaugh por su tiempo, y su dedicación al futuro de los leones del Parque de Nairobi. A Gus Mills, del Parque de Kruger, Sudáfrica, por su cúmulo de conocimientos sobre los grandes depredadores africanos y las copias que nos facilitó de artículos científicos. A Pieter Kat y Kate Nicholls por su estimulante compañía en su campamento en Botswana, donde estudian a los leones. A Luke Hunter, quien trabajó en el proyecto de reintroducción de leones y guepardos en Phinda, Sudáfrica, y fue increíblemente generoso con su tiempo y nos aportó valiosísima información y muchos contactos entre los investigadores dedicados a los depredadores en el sur de África. A Laurie Marker y su equipo del Cheetah Conservation Fund, en Namibia, por su paciencia y hospitalidad cuando visitamos su proyecto. A Lise Hanssen y la Fundación Africat —y a la familia Hanssen en Okonjima, Namibia— que fueron igualmente amables y cordiales. Y a Johan Naude y Sarel van der Merwe del African Lion Working Group (IUCN/SSC) por su incansable labor en favor de la conservación de los leones y por los ejemplares que me dio de los volúmenes 1, 2 y 3 de *African Lion News* (el boletín oficial del ALWG), publicados entre mayo de 2000 y agosto de 2001.

Desde sus inicios, el Proyecto León del Serengueti ha generado un flujo constante de información científica sobre los leones salvajes, que nos permitió hallar numerosos artículos científicos y relatos populares. Aunque se publicó hace 30 años, *The Serengeti Lion*, de George Schaller, sigue constituyendo un hito entre los libros de biología de campo, al combinar la ciencia y la elocuencia en igual medida. Más recientemente, *Into Africa*, el relato de primera mano de Craig Packer de una vida de trabajo con los leones y los babuinos, se va desarrollando como una novela de detectives, salpicada de humor y reflexiones sobre las alegrías y los sinsabores del trabajo de campo en África oriental. Los resultados del trabajo de Craig, y de sus colaboradores y estudiantes, ocupan un sitio destacado en este texto.

Estamos muy conscientes de los riesgos de malinterpretar el trabajo de otros, en particular cuando se trata de presentar información extraída de artículos científicos. Por consiguiente, aunque estamos en deuda con los siguientes autores, los eximimos de toda responsabilidad por cualquier imprecisión de nuestro texto y nos disculpamos por las inevitables simplificaciones al interpretar su trabajo.

Adamson, J., *Born free: the full story*, Pan Books, Londres, 2000.

Ames, E., *A glimpse of Eden*, Collins, Londres, 1968.

Anglier, N., "Please say it isn't so, Simba: the noble lion can be a coward", *The New York Times*, 5 de septiembre de 1995.

Bertram, B. C. R., *Pride of lions*, J. M. Dent, Londres, 1978.

——, *Lions*, Colin Baxter Photography, Grantown-on-Spey, 1998.

Bull, B., *Safari*, Viking Penguin, Inc., Nueva York, 1988.

Cooper, S. M., "Optimal hunting group size: the need for lions to defend their kills against loss to spotted hyaenas", *African Journal of Ecology* 29:130-136, 1991.

Cowie, M., *Fly Vulture*, George G. Harrap & Co., Londres, 1961.

Creel, S. y N. M. Creel, "Lion density and population structure in the Selous Game Reserve: evaluation of hunting quotas and offtake, *African Journal of Ecology* 35: 83-93, 1997.

Estes, R. D., *The behavior guide to African mammals: including hoofed mammals, carnivores, primates*, The University of California Press, Oxford, Inglaterra, 1991.

Fitter, R. y P. Scott, *The penitent butchers*, Collins/FPS, Londres, 1978.

Funston, P. J., "On the edge: dying and living in the Kalahari", *Africa Geographic*, septiembre de 2001.

Funston, P. J. y M. G. L. Mills, "Aspects of sociality in the Kruger Park lions: the role of males", en *The Proceedings of a Symposium on Lions and Leopards as Game Ranch Animals*, Onderstepoort, octubre de 1997.

Funston, P. J., M. G. L. Mills, H. C. Biggs y P. R. K. Richardson, "Hunting by male lions: ecological influences and socioecological implications", *Animal Behaviour* 56: 1333-1345, núm. de artículo ar980884, 1998.

Grzimek, B. y M. Grzimek, *Serengeti shall not die*, Hamish Hamilton, Londres, 1960.

Guggisberg, C. A. W., *Simba: the life of the lion*, Howard Timmins, Ciudad del Cabo, 1961.

Hanby, J. P. y J. D. Bygott, *Lions share: the story of a Serengeti pride*, Collins, Londres, 1983.

Harvey, C. y P. Kat, *Prides: Lions of Moremi*, Southern Book Publishers, New Holland, 2000.

Herne, B., *White hunters: the golden age of African safaris*, Henry Holt & Company, Nueva York, 1999.

Hunter, L., "Pride of Phinda", *BBC Wildlife*, vol. 16, núm. 10, octubre de 1998.

——, "Tooth and claw: the future of Africa's magnificent cats", *Africa Geographic* 9(5): 46-56, 2001.

IUCN Cat Specialist Group, "Hope for lions", *New Scientist*, vol. 172, núm. 2317, 17 de noviembre de 2001.

Iwago, M., *In the lion's den*, Chronicle Books, San Francisco, 1996.

Jackman, B. J., *Roaring at the dawn: journeys in wild Africa*, Swan Hill Press, 1995.

——, "Cat Watching, Africa: Lions, leopards, and cheetahs: where to see them", *BBC Wildlife*, vol. 19, núm. 2, febrero de 2001.

Jackman, B. J. y J. P. Scott, *The Marsh Lions*, Elm Tree Books, Londres, 1982.

——, *The big cat diary*, BBC Books, Londres, 1996.

Kat, P., "The lore of lions", *BBC Wildlife*, vol. 18, núm. 1, enero de 2000.

Kingdon, J., *East African mammals: an atlas of evolution in Africa*, vol. 3, parte A (carnívoros), Academic Press, Londres, 1977.

Klum, M., "Asia's last lions", *National Geographic*, vol. 199, núm. 6, National Geographic Society, junio de 2001.

Latter, Y., "Laikipia predator project: radio-collared lions", *Travel News*, Nairobi, mayo de 2001.

Leopold, A., *A Sand Country almanac and sketches here and there*, Oxford University Press, Oxford, 1987 [versión en castellano: *Ética de la tierra. Almanaque de un condado arenoso*, Los Libros de la Catarata, 2000].

Liebenberg, L., *The art of tracking: the origin of science*, David Philip Publishers, Claremont, Sudáfrica, 1990.

Lopez, B. H., *Of wolves and men*, Charles Scribner's Sons, Nueva York, 1978.

Macdonald, D., *The velvet claw: a natural history of the carnivores*, BBC Books, Londres, 1992.

Marchant, J., "Lions in peril", *New Scientist*, vol. 172, núm. 2315, 3 de noviembre de 2001.

Mellon, J., *African hunter*, Cassell, Londres, 1975.

Michler, U., "Botswana's great lion debate", *Africa Geographic*, vol. 9, núm. 9, octubre de 2001.

Mills, G. y M. Harvey, *African predators*, Struik Publishers, Sudáfrica, 2001.

Morell, V., "The killer cat virus that doesn't kill cats", *Discover*, julio de 1995.

Moss, C., *Portraits in the wild: animal behaviour in East Africa*, Elm Tree Books, Londres, 1989.

Neff, N. A., *The big cats: the paintings of Guy Coheleach*, Harry N. Abrams, Nueva York, 1982.

Nowell, K. y P. Jackson, *Wild cats: status survey and conservation action plan*, IUCN/SSC Cat Specialist Group, IUCN, Gland, Suiza.

Ogutu, J. O., "Test of a call-in technique for estimating lion (*Panthera leo*, Linnaeus 1758) population size in the Masai Mara National Reserve, Kenya", Moi University, tesis de maestría, Nairobi, 1994.

Ogutu, J. O. y H. T. Dublin, "The response of lions and spotted hyenas to sound playbacks as a technique for estimating population size", *African Journal of Ecology* 36: 83-95, 1998.

Owens, M. y D. Owens, *Cry of the Kalahari*, William Collins, Londres, 1985.

Packer, C., *Into Africa*, University of Chicago Press, Chicago y Londres, 1994.

Packer, C. y A. E. Pusey, "Divided we fall: cooperation among lions", *Scientific American*, mayo de 1997.

Packer C., D. Scheel y A. E. Pusey, "Why lions form groups: food is not enough", *The American Naturalist*, vol. 136, núm. 1, julio de 1990.

Patterson, G., *To walk with lions*, Rider, Londres, 2001.

Pennycuick, C. J. y J. Rudnai, "A method of identifying individual lions *Panthera leo* with an analysis of the reliability of identification", *J. Zool. Lond.* 160: 497-508, 1970.

Pickford, P. y B. Pickford, *The miracle rivers: the Okavango & Chobe of Botswana*, Southern Book Publishers, Sudáfrica, 1999.

Pringle, J., *The conservationists and the killers*, T.V. Bulpin and Books of Africa (Pty), Ciudad del Cabo, 1982.

Rudnai, J., "Reproductive biology of lions (*Panthera leo massaica* (Neumann)) in Nairobi National Park", *East African Wildlife Journal* 11: 243-251, 1973.

——, *The social live of the lion: a study of the behaviour of wild lions* (Panthera leo massaica (Neumann)) *in the Nairobi National Park, Kenya*, Medical & Technical Publishing Co., Lancaster, Inglaterra, 1973.

——, "The pattern of lion predation in Nairobi Park", *East African Wildlife Journal* 12: 213-225, 1974.

Schaller, G. B., *The Serengeti lion: a study of predator-prey relations*, University of Chicago Press, Chicago, 1972.

——, *Serengeti: a kingdom of predators*, Collins, Londres, 1973.

Scheel, D. y C. Packer, "Group hunting behaviour of lions: a search for cooperation", *Animal Behaviour* 41: 697-709, 1991.

Scott, J. P., *The leopard's tale*, Elm Tree Books, Londres, 1985.

——, *The great migration*, Elm Tree Books, Londres, 1988.

——, *Painted wolves: wild dogs of the Serengeti-Mara*, Hamish-Hamilton, Londres, 1991.

——, *Kingdom of lions*, Kyle Cathie, Londres, 1992.

——, *Dawn to dusk: a safari through Africa's wild places*, BBC Books en asociación con Kyle Cathie, Londres, 1996.

——, *Jonathan Scott's safari guide to East African animals* (revisado y actualizado por Angela Scott), Kensta, Nairobi, 1997.

——, *Jonathan Scott's safari guide to East African birds* (revisado y actualizado por Angela Scott), Kensta, Nairobi, 1997.

Scott, J. P. y A. Scott, *Mara-Serengeti: a photographer's paradise*, Fountain Press, Newpro UK, Londres, 2000.

Seidensticker, J. y S. Lumpkin (comps.), *Great cats: majestic creatures of the wild*, Merehurst por convenio con Weldon Owen, Londres, 1991.

Shales, M., *African safari*, Discovery Communications, 2000.

Smuts, G. L., *Lion*, Macmillan South Africa, Johannesburgo, 1982.

Turner, A. y M. Anton, *The big cats and their fossil relatives: an illustrated guide to their evolution and natural history*, Columbia University Press, Nueva York, 1997.

Turner M., *My Serengeti Years*, B. J. Jackman (comp.), Elm Tree Books, Londres, 1987.

Whitfield, P., *The hunters*, Hamlyn, Londres, 1978.

Willock, C., *Wildfight: a history of conservation*, Jonathan Cape, Londres, 1991.

Winterbach, C. W., H. Winterbach, M. L. Sechele y P. W. Kat, *Coordinated dry season lion survey for the Okavango Delta*, 1999, publicado en junio de 2001.

Agradecimientos

Son tantas las personas y empresas que nos han brindado un generoso apoyo que sólo nos es posible mencionar a unas cuantas.

Queremos agradecer a los gobiernos de Kenia y Tanzania por permitirnos vivir y trabajar en el Serengueti-Mara y hacer un reconocimiento a la ayuda de Parques Nacionales de Tanzania y de los ayuntamientos de Narok y Trans Mara, que administran la Reserva Nacional de la Fauna de Masái Mara. A lo largo de los años, los jefes de guardas John Naiguran, Simon Makallah, Michael Koikai, Stephen Minis y James Sindiyo, en el Mara, y David Babu y Bernard Maregesi, en el Serengueti, nos han brindado su cooperación y apoyo en nuestros proyectos.

Gracias a todos los que colaboran en *Diario de grandes felinos* (DGF), tanto aquí en Kenia como en la Unidad de Historia Natural (UHN) en Bristol. Al "comandante de operaciones", Keith Scholey, y a la productora de la serie Fiona Pitcher, por apoyar la idea de este libro, y a Keith y su esposa Liz, así como a Robin y Elin Hellier por recibirnos en sus hogares cada vez que visitamos la UHN. El éxito de *DGF* es producto de una labor de equipo y, al igual que el resto de sus integrantes, Mandy Knight, gerente de producción de *DGF*, personifica la combinación de profesionalismo y gran corazón que hace del trabajo en el programa un privilegio y un placer enormes.

Rosamund Kidman Cox, editora de la revista *BBC Wildlife*, ha sido una buena amiga, nos ha brindado un gran apoyo en nuestro trabajo a lo largo de los años, y nos ayudó a convencernos de que había espacio para un libro más sobre los leones.

Myles Archibald de Harper Collins encargó esta serie de tres títulos acerca de los grandes felinos de África, comenzado con *Leones* (ahora estamos concentrados en *Leopardos*). Su entusiasmo por el proyecto nos ayudó a cobrar impulso cuando el tiempo era de fundamental importancia. Katie Piper, también de Harper Collins, contribuyó con su influencia tranquilizadora, por la cual le estamos muy agradecidos. Y muchas gracias a Liz Brown por su habilidad como diseñadora para formar este libro en un tiempo récord.

Caroline Taggart ha sido la editora de todos nuestros libros, menos uno. Cuando Angie y yo llegamos a Londres cargando bajo el brazo decenas de miles de palabras aparentemente caóticas sobre leones, incluso alguien tan imperturbable como Caroline se dio cuenta de que tendría que echar mano de toda su pericia para la corrección —y de una asombrosa habilidad para hacer sentir a sus autores que todo es posible— si habíamos de terminar a tiempo. ¿Cómo lo hace?

Mike Shaw, nuestro agente literario en Curtis Brown, como siempre, nos brindó una mano confiable y su asistente Jonathan Pegg fue maravillosamente cooperativo y manejó nuestros asuntos con gran encanto y profesionalismo.

Nuestras fotografías de la vida salvaje son propiedad de tres archivos fotográficos: NHPA, ImageState y Getty Images. Tim Harris y su equipo de la NHPA tuvieron la generosidad de permitirnos hurgar en los archivos de "leones" pese a la premura con que lo solicitamos para este libro, al igual que nuestra gran amiga Jennifer Jeffrey de ImageState.

Tanto Angie como yo tenemos parientes en el extranjero que han sido una fuente a toda prueba de ayuda y aliento. Ahora que mi hermana Caroline y su esposo Andy se mudaron de Inglaterra al soleado Portugal, mi hermano Clive y su esposa Judith aceptaron amablemente heredar las cajas de libros y diapositivas que solía dejar en la casa de Caroline en Inkpen. La madre de Angie, Joy, aún vive en Inglaterra pero, lamentablemente, no ha gozado de cabal salud en los últimos tiempos, y ahora su hermano David vive con su esposa Mishi en Francia. Los extrañamos a todos.

Pam Savage y Michael Skinner nos tomaron bajo su tutela en los últimos años, ofreciéndonos consejos y reconfortándonos cuando lo hemos necesitado, y poniendo su casa en Londres a nuestra disposición. Es difícil saber cómo agradecer lo suficiente a amigos así. Cissy y David Walker han sido igualmente generosos y buenos compañeros. Y Frank y Dolcie Howitt siguen siendo nuestros mejores vecinos aquí en Nairobi.

A lo largo de los años, muchas otras personas nos han brindado un segundo hogar durante nuestras visitas a Inglaterra, en particular, Pippa e Ian Stewart-Hunter en Londres, Brian y Annabelle Jackman en Dorset, el doctor Michael y Sue Budden en Buckinghamshire, Ken y Lois Kuhle y Martin y Avril Freeth en Londres, y Charles y Lindsay Dewhurst en West Sussex, todos ellos maravillosos anfitriones y amigos que toleran nuestros ires y venires con una admirable paciencia.

Hemos compartido momentos memorables con nuestros amigos Neil y Joyce Silverman en África, la Antártida y su hermosa casa en Florida. Nos han ayudado de innumerables maneras a lo largo de los años y siempre están ahí cuando los necesitamos.

Carole Wyman ha sido una amiga leal y generosa de Angie desde que se conocieron en Kenia hace muchos años, y es la madrina de nuestro hijo David. Carole es una persona de cualidades excepcionales y este libro está dedicado a ella.

Jock Anderson de East African Wildlife Safaris continúa siendo un gran amigo de nuestra familia. Me dio la oportunidad de vivir en el Mara River Camp hace veinticinco años, un regalo de tal magnitud que nunca podré olvidar su participación para hacerlo posible. Stephen Masika, mensajero de la oficina de Jock, sigue ocupándose de la correspondencia y renueva nuestros permisos con una eficiencia infalible.

Aris y Justin Grammaticus nos demostraron su generosidad al permitirnos instalarnos en Governor's Camp, y Pat y Patrick Beresford y su personal de Governor's Workshop se las ingeniaron para mantenernos sobre ruedas, a pesar de lo mucho que maltratamos nuestro Toyota Landcruiser.

Por último, vaya un agradecimiento por la invaluable ayuda de Shigeru Ito de Toyota East Africa; Allan Walmsley, antes en Lonrho Motors East Africa; Canon Camera Division (Reino Unido); John Buckley y Anna Nzomo de Air Kenya; Mehmood y Shaun Quraishy de Spectrum Colour Lab (Nairobi); Pankaj Patel de Fuji Kenya; Redmond Walsh de Abercrombie and Kent (oficina de Sudáfrica); y Jan Mohamed de Serena Hotels; quienes nos han hecho llevadera la vida en la maleza gracias a su apoyo constante.

Somos verdaderamente afortunados al poder seguir nuestra pasión como carrera profesional. Pero la alegría que esto nos produce palidece al lado de la inspiración y el amor que nos dan nuestros hijos Alia y David. Que sus vidas sean igualmente bendecidas.

Índice analítico

Diario de grandes felinos: leones
se terminó de imprimir y encuadernar
en el mes de junio de 2006
en los talleres de Impresora y Encuadernadora Progreso,
S. A. de C. V. (IEPSA), Calzada de San Lorenzo 244,
09830, México, D. F.

Se tiraron 5 000 ejemplares

Tipografía y formación:
Héctor Zavala
con tipos Strayhorn MT Light de 10.5:14

Corrección:
Leticia García, Kenia Salgado y Ana Solano

Cuidado de la edición:
Leticia García

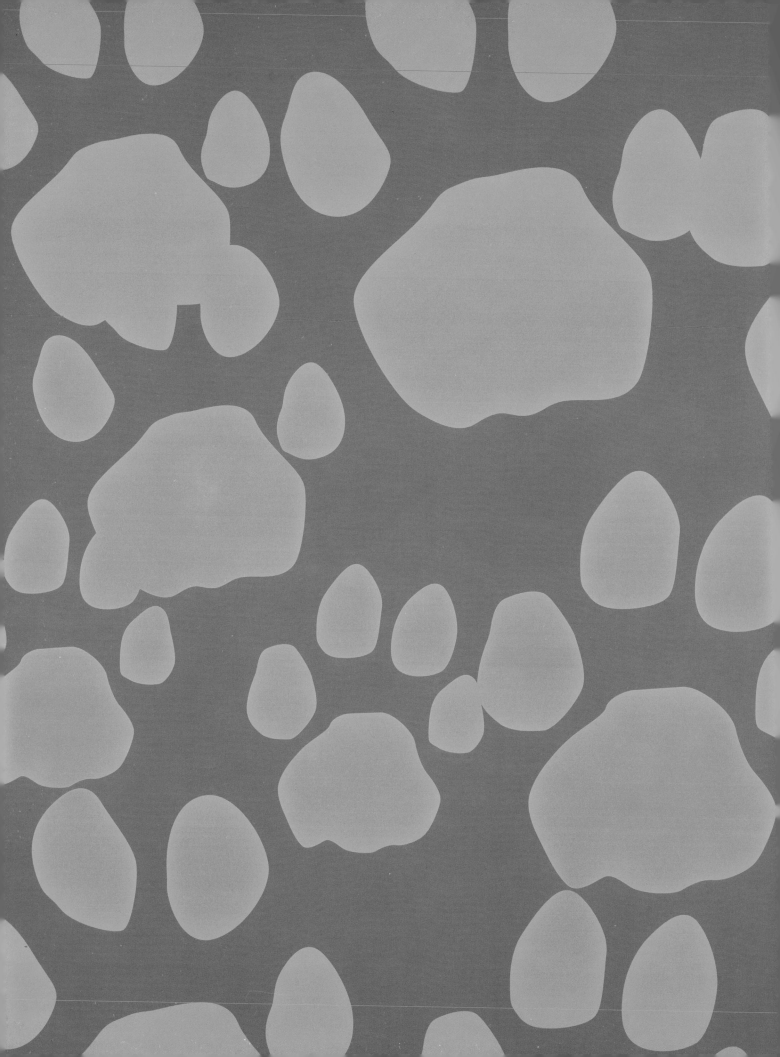